데릭 프린스의
믿음의 능력

데릭 프린스의
믿음의 능력
Faith

황의정 옮김

Chapter 1 믿음 vs. 보이는 것 ———————— 8

Chapter 2 믿음 vs. 소망 ———————————— 20

Chapter 3 은사로서의 믿음 ———————————— 32

Chapter 4 열매로서의 믿음 ———————————— 50

Chapter 5 삶의 기준으로서의 믿음 ———————— 68

Chapter 6 믿음은 어떻게 생기는가 ———————— 100

Chapter 7 믿음은 반드시 고백되어야 한다 ———— 124

Chapter 8 믿음은 나타나야 한다 ————————— 148

Chapter 9 믿음은 연단 받아야 한다 ——————— 164

Chapter 10 믿음의 분량 ————————————— 184

Chapter 11 믿음은 타락을 되돌린다 ——————— 200

Faith

> Chapter 1

믿음 vs. 보이는 것

THE POWER OF FAITH
ENTERING INTO THE FULLNESS OF GOD'S POSSIBILITIES

믿음! 누가 이 짧고도 단순한 말이 나타내는 가능성과 잠재력을 온전히 측량하거나 표현할 수 있을까? 믿음의 가능성 혹은 잠재력을 명확히 하는 가장 분명한 방법은 예수님이 하신 두 가지 말씀을 살펴보는 것이다.

하나님으로서는 다 하실 수 있느니라 (마 19:26)

믿는 자에게는 능히 하지 못할 일이 없느니라 (막 9:23)

우리는 이 두 구절에서 "모든 것이 가능하다"는 말씀을 발견하게 된다. 첫 번째 구절에서는 이것이 하나님께 적용되었고, 두 번째 구절에서는 믿는 사람에게 적용되었다. 우리는 하나님께는 모든 것이 가능하다는 말씀을 쉽게 받아들인다. 그렇다면 믿는 자들에게는 모든 것이 가능하다는 말씀도 받아들일 수 있는가? 예수님은 우리에게 그렇다고 말씀하신다.

이것의 실제적인 의미는 무엇인가? 믿음을 통해 하나님이 하실 수 있는 일들을 우리도 할 수 있게 된다는 말이다. 믿음은 하나님께 가능한 일들을 우리도 할 수 있게 해 주는 통로이다. 놀랍게도 성경은 처음부터 끝까지 이 독보적이고 탁월한 믿음의 중요성을 강조하고 있다.

번역의 문제

본격적으로 시작하기 전에 믿음을 이해하기 어렵게 만드는 언어학적 오해를 해결할 필요가 있다. 영어에는 믿음(faith)을 나타내는 두 개의 단어가 있는데, 명사인 '믿음(faith)'과 동사인 '믿다(believe)'이다. 이 두 단어의 관계가 항상 분명한 것은 아니기에 설교자들은 "믿는 것"(believing)과 "믿음을 갖는 것"(having faith)을 구별하려 하는 경우가 많다. 하지만 신약성경 원문에는 이들의 차이를 설명할 만한 아무런 근거도 없다.

'믿음'에 해당하는 헬라어는 '피스티스'(pistis)이고, '믿다'는 '피스튜오'(pisteuo)인데, 동사형이 명사형에서 나온 것이다. 이 두 단어의 어간은 동일하게 '피스트'(pist) 네 글자이다. 성경에 의하면 믿는 것

(believing)은 믿음(faith)을 행사 또는 사용하는 것이며, 역으로 믿음을 사용하는 것이 믿는 것이다.

믿음에 반대되는 말을 살펴보면, 또다시 영어와 헬라어의 차이를 발견하게 된다. 영어에서 믿음(faith)의 반대말은 불신(unbelief)이다. Unfaith라는 말은 없다. 그러나 헬라어에서는 두 단어 사이에 직접적인 관련이 있다. 믿음은 '피스티스'(pistis), 불신은 '아피스티아'(apistia)로(헬라어에서 부정의 접두사 a는 영어의 un에 해당한다), 동일한 어간 pist가 눈에 띈다.

또 pist가 어간으로 나타나는 말에는 "신실한", "믿는"을 뜻하는 형용사 '피스토스'(pistos)도 있다. 여기에 부정의 접두사 a를 붙이면 "신실하지 못한"(unfaithful), "믿지 않는"(unbelieving)을 뜻하는 반대말 '아피스토스'(apistos)가 된다.

이 다섯 단어를 표로 정리하면 다음과 같다.

	헬라어	영어	우리말
명 사	피스티스(pistis)	faith	믿음
명 사	아피스티아(apistia)	unbelief	불신(앙)
형용사	피스토스(pistos)	faithful, believing	신실한, 믿는
형용사	아피스토스(apistos)	unfaithful, unbelieving	신실하지 않은, 믿지 않는
동 사	피스튜오(pisteuo)	believe	믿다

다섯 개의 헬라어 모두 pist(피스트)가 어간이라는 것이 분명하게 드러난다. 이 다섯 단어는 신약성경 전반에서 대략 600번 등장한다. 이것으로도, 이 단어들이 성경 전체의 중심이 되는 주제를 나타내고 있음을 분명히 알 수 있다.

믿음의 정의

히브리서 11장은 오직 믿음이라는 주제만을 다루고 있다. 1절은 성경의 표현으로 믿음을 정의한다. "믿음은 바라는 것들의 실상이요, 보이지 않는 것들의 증거니."

이것은 믿음에 대한 두 가지 중요한 진리를 가르쳐 준다. 첫째, "믿음은 바라는 것들의 실상이다." 믿음이 너무도 실제적이어서 '실상'이라 불리는 것이다. "실상"으로 번역된 헬라어는 '휘포스타시스'(hupostasis)로, 문자적인 의미는 "…아래에 서는 것" 또는 "어떤 것의 기초"이다.

히브리서 1장 3절에도 동일한 단어가 나타난다. 여기서 예수님이 "그 본체의[아버지의] 형상을 나타내신다"라고 하는데, '본체'로 번역된 단어가 바로 '휘포스타시스'이다. 이것은 아들이신 예수 그리스도가 하나님 아버지의 영원하고 보이지 않는 근원적인 실재를 보여 주신다는 뜻이다. 이 의미를 히브리서 11장 1절에 적용하면, 믿음은 우리가 바라는 것들의 근원적인 실재라고 할 수 있다. 믿음은 실제적인 것, 곧 실상이다.

두 번째, 믿음은 "보이지 않는 것들의 증거"이다. 공동번역은 이 부분을 "볼 수 없는 것들을 확증해 준다"라고 하였다. 요점은 믿음이 우리가 볼 수 없는 것들과 관련이 있다는 것이다.

히브리서 기자는 3절에서 다시 한번 믿음과 보이지 않는 것의 관계성을 강조한다.

> 믿음으로 모든 세계가 하나님의 말씀으로 지어진 줄을 우리가 아나니 보이는 것은 나타난 것으로 말미암아 된 것이 아니니라

히브리서 기자는 보이는 것과 보이지 않는 것, 곧 가시적 세계와 비가시적 세계 사이에 차이가 있음을 언급한다. 우리의 감각은 우리를 가시적 세계, 즉 "보이는 것"과 연결시켜 준다. 그러나 믿음은 우리를 보이는 세계 너머의 보이지 않는 세계로, 온 우주를 창조하신 근본적인 실재, 곧 하나님의 말씀으로 이끈다.

이처럼 믿음은 영원하며 보이지 않는 두 개의 실재, 곧 하나님 자신과 그분의 말씀과 관련이 있다. 성경에서 말하는 믿음의 대상은 오직 이 둘뿐이다. 물론 세상의 언어는 다른 많은 상황 가운데 믿음을 말한다. 우리는 경제, 의약품 또는 정치적 지도자에 대한 민

음을 말할 수 있다. 그러나 성경은 믿음을 그렇게 적용하지 않는다. 육신의 눈으로는 볼 수 없는 두 가지 실재, 곧 하나님과 그분의 말씀에만 적용된다.

보는 것이 아니라 믿음으로

바울은 고린도후서 5장 7절에서 믿음을 보는 것과 대비시킨다. "이는 우리가 믿음으로 행하고 보는 것으로 행하지 아니함이로라." 우리가 보는 것으로 행한다면 믿음이 필요하지 않고, 믿음으로 행한다면 보는 것이 필요하지 않게 된다. 이 둘은 서로를 허용하지 않는다.

이것은 우리의 자연적인 사고방식과 상충된다. 세상은 "보는 것이 믿는 것이다"(우리말로는 '백문이 불여일견')라고 하지만, 성경은 그 순서를 뒤집어 버린다. 우리는 먼저 믿어야 하고, 그 후에 보게 되어 있다. 이것은 우리가 붙잡아야 할 너무나도 중요한 원리이다. 먼저 이 사실을 분명히 보여 주는 몇 가지 성경 구절들을 살펴보자.

다윗은 시편 27편 13절에서 다음과 같이 말했다. "살아 있는 자의 땅에서 주의 선하심을 보리라고 믿지 아니하였더면 내가 쇠잔해 졌으리이다"(한글킹제임스). 어느 것이 먼저인가? 믿는 것인가 아니면 보는 것인가? 믿는 것이다. 이것은 다윗뿐만 아니라 우리 모두도 마찬가지이다. 만일 우리가 하나님의 선하심을 보리라는 것을 믿지 못한다면, 절망하게 될 것이다. 우리를 절망시키지 않는 것은, 보이는 것이 아니라 바로 우리가 믿는 것이다.

이것은 히브리서 11장 27절의 모세에 관한 언급과 일치된다. "믿음으로 애굽을 떠나 왕의 노함을 무서워하지 아니하고 곧 보이지 아니하는 자를 보는 것같이 하여 참았으며." 당시 모세의 눈에는 어떤 상황이나 환경도 희망적으로 보이지 않았다. 모든 것이 불리하고 적대적이었지만, 그는 보이지 않는 것을 볼 수 있었기에 인내할 수 있었다. 어떻게 그럴 수 있었을까? 믿었기 때문이다. 믿음은 우리로 하여금 보이지 않는 것을 볼 수 있게 해 준다. 그리하여 눈에 보이는 세상이 아무런 희망이나 위로, 힘도 되지 않을 때 참고 인내할 수 있게 해 준다.

우리는 보이는 것이 아니라 믿음으로 행하는 또 다른 예를 요한복음 11장에서 찾아볼 수 있다. 여기서 예수님은 나사로를 죽은 자 가운데서 일으키신다.

> 예수께서 이르시되 돌을 옮겨 놓으라 하시니 그 죽은 자의 누이 마르다가 이르되 주여 죽은 지가 나흘이 되었으매 벌써 냄새가 나나이다 예수께서 이르시되 내 말이 네가 믿으면 하나님의 영광을 보리라 하지 아니하였느냐 하시니 (요 11:39-40)

예수님은 마르다에게 말씀하신 것을 하나님의 영광을 보고 싶어 하는 모든 이들에게 요구하신다. 우리는 우리가 보게 될 것을 믿어야 한다. 먼저 보고 난 후에 믿는 것이 아니다. 믿음이 먼저다. 우리는 믿음의 결과로 보게 되는 것이다. 그러므로 믿음이 보는 것보다 선행되어야 한다.

그런데 옛 본성과 새로운 본성 사이에는 근본적인 갈등이 있다. 옛 본성은 감각으로 살기 때문에 보여 달라고 요청한다. 하나님은 우리를 이러한 옛 본성과 낡은 생활 방식에서 끄집어내어 새로운 본성과 새로운 삶의 생활 방식으로 인도하셔야 한다. 그 후에야 "나는 보이지 않는 것에 만족한다. 나는 보이는 것으로 행하지 않는다. 오직 믿음으로 행한다"라고 할 수 있게 된다.

고린도후서에서는 다시 한번 보이는 것과 보이지 않는 것이 대비된다.

> 우리가 잠시 받는 환난의 경한 것이 지극히 크고 영원한 영광의 중한 것을 우리에게 이루게 함이니 우리가 주목하는 것은 보이는 것이 아니요 보이지 않는 것이니 보이는 것은 잠깐이요 보이지 않는 것은 영원함이라
> (고후 4:17-18)

바울은 여기서 의도적으로 역설적인 표현을 사용한다. 그는 보이지 않는 것들을 보는 것에 대하여 말한다. 어떻게 그럴 수 있을

까? 방법은 오직 한 가지뿐이다. 바로 믿음이다.

"우리가 주목하는 것은 보이는 것이 아니요"에서 "주목한다"는 말에는 대단히 중요한 의미가 내포되어 있다. 그것은 모세가 인내의 시험을 통과하면서 배운 것과 동일한 교훈이었다. 그는 하나님의 섭리 가운데 고난이 믿는 자에게 유익하게 사용될 수 있다는 것을 배웠다. 고난 가운데 우리의 성품이 형성되고 강화되어 우리 앞에 있는 영원한 영광을 위해 준비된다는 것이었다. 하지만 여기서 "주목하다"라는 말이 우리에게 가르쳐 주는 교훈은, "우리의 눈을 보이지 않는 세계에 고정시킬 때에만 고난이 유익하다"는 것이다. 만일 우리가 이 세상의 때와 시기, 감각들에 사로잡혀 이것을 놓쳐 버리면, 고난이 우리에게 제공하게 되어 있는 유익을 받지 못하게 될 수도 있다.

이처럼 우리는 현재와 영원이라는 두 세계 사이에 끼여 있다. 현재, 곧 일시적인 세계는 우리가 볼 수 있는 것으로, 감각을 통해 접할 수 있다. 그러나 하나님이 우리가 편안하고 익숙해지기 바라시는 세계는 영원이다. 또한 우리는 오직 한 가지, 믿음으로만 이 세계를 경험하고 익숙해질 수 있다. 오직 믿음만이 우리를 보이지 않는 하나님과 그분의 말씀의 실재에 연결시켜 준다.

요약

믿음은 우리를 초월적인 능력의 영역으로 끌어올려 주어 하나님이 하시는 일들을 우리도 할 수 있게 해 준다. 그리고 우리를 보이지 않는 두 가지 실재, 곧 하나님과 그분의 말씀에 연결시켜 준다. 우리는 믿음을 통해 하나님과의 관계를 유지함으로, 매일의 삶 가운데 직면하는 시험과 고난을 인내하고 이길 수 있게 된다. 결국 이러한 시련은 하나님의 선하심과 영광이 우리에게 계시되는 기회가 되는 것이다.

믿음과 보이는 것 사이에는 지속적인 긴장과 갈등이 있다. 우리의 옛 본성은 감각의 세계가 익숙하고 편하기에 보이는 것을 요구한다. 그러나 그리스도인인 우리는 다른 증거를 요구하는 것이 아니라, 하나님과 그분의 말씀을 신뢰하는 새로운 본성을 발전시켜야 한다.

Faith

Chapter 2

믿음 vs. 소망

The Power of Faith
Entering into the Fullness of God's Possibilities

우리는 1장에서 믿음과 보이는 것, 곧 믿는 것과 보는 것의 차이를 살펴보았다. 이번 장에서는 믿음과 소망이 어떻게 다른지 살펴볼 것이다. 여기에는 오늘날 그리스도인들이 가장 크게 오해하고 있는 사실 중 하나가 기저에 깔려 있다. 많은 그리스도인들이 받으리라 생각하고 기도했다가 그것을 받지 못함으로 실망하고 좌절하는데, 이것은 믿음이 아니라 소망 가운데 기도하고 있기 때문이다. 하나님이 약속하신 결과들은 소망이 아니라 믿음과 관련이 있다.

그렇다면 믿음과 소망은 어떻게 다른가? 우리는 이 둘을 어떻게 구별할 수 있을까?

마음 안에 있는 믿음

 첫 번째 근본적인 차이는 믿음은 마음속에, 소망은 생각에 품는다는 것이다. 바울은 로마서 10장 10절에서 다음과 같이 말했다. "사람이 마음으로 믿어 의에 이르고". 성경적이고 참된 믿음은 마음에서 시작된다. 헬라어 원문을 살펴보면 '믿다'에 해당하는 말 뒤에 전치사 '에이스'(eis)가 위치하여, 이러한 믿음의 결과로 '의'의 열매를 맺게 된다는 것을 암시하고 있다. 여기서 에이스는 이동 혹은 어떤 종류의 전환을 암시한다. 믿음은 결코 정적인 것이 아니다. 믿음은 항상 이동, 변화, 활동으로 자신을 표현한다. 진정으로 믿는 사람은 자신이 믿는 것에 의해 변화되게 되어 있다.

 그러나 진리를 단순히 지식으로만 받아들이는 사람은 아무런 변화도 나타나지 않을 수 있다. 진리를 지적으로 받아들이는 것은 믿음이 아니다. 믿음이 열매를 맺게 하려면 진리가 의식적인 생각 너머 내면의 중심이요 생명의 근원인 마음이라는 곳에 스며들어야 한다. 지식으로 받아들인 진리는 메마르고 척박하여 아무 능력도 없지만, 믿음으로 마음속에 받아들인 진리는 언제나 역동적으로 삶을 변화시킨다.

 솔로몬은 잠언 4장 23절에서 다음과 같이 경고했다. "모든 지킬 만한 것 중에 더욱 네 마음을 지키라 생명의 근원이 이에서 남이니라." 삶의 여정을 최종적으로 결정하는 것은 모두 우리의 마음에서 나온다. 성경적이고 참된 믿음은 마음에서 나와 우리가 살아가는 방식을 결정한다. 이러한 믿음은 생각으로 받아들이는 지적인 개념이 아니라, 마음에서 역사하는 실제적이고 능동적인 힘이다.

그렇다고 하나님이 우리의 생각을 아무런 조치 없이 내버려 두시는 것은 아니다. 마음속에서 역사하는 믿음은 생각 속에 소망의 열매를 맺게 한다. 이것은 우리가 앞서 히브리서 11장 1절에서 살펴본 믿음의 정의를 보여 준다. "믿음은 바라는 것들의 실상이요." 마음속에 있는 믿음은 실상 혹은 실체, 곧 근원적인 실재로, 우리가 품는 소망의 정당하고 성경적인 근거가 된다.

바울은 데살로니가전서 5장 8절에서 우리의 성품 가운데 믿음과 소망의 영향을 받는 각각의 영역들에 대해 언급한다. "그러나 우리는 낮에 속한 사람이므로, 정신을 차리고, 믿음과 사랑을 가슴막이 갑옷으로 입고, 구원의 소망을 투구로 씁시다"(새번역). 믿음과 사랑은 가슴막이 갑옷으로 마음을 보호하고, 소망은 투구로서 머리, 곧 생각을 보호한다.

나는 소망과 믿음을 구별함으로 소망을 폄하하려는 것이 아니다. 성경적인 의미의 소망은 선한 것을 확신 가운데 기대하는 것, 쉽게 말해 흔들림 없이 지속적으로 낙관하는 것이다. 이러한 소망은 우리의 생각을 보호해 준다. 그리스도인들은 누구나 하루 24시간 이 소망의 투구를 써야 한다. 우리가 이러한 소망의 투구를 던져 놓고 부정적인 생각이나 우울한 예감에 사로잡히기 시작하면, 우리의 생각은 사탄의 교묘한 공격에 쉽게 무너지게 된다.

참된 그리스도인의 낙관론은 환상적이거나 비현실적인 것이 아닙니다. 또한 단순히 희망적인 생각도 아닙니다. 이것은 오직 성경의 기록과 약속들에 확고하게 근거한 것이어야 한다. 이를테면 로마서 8장 28절은 다음과 같이 말씀한다. "우리가 알거니와 하나님을 사랑하는 자 곧 그의 뜻대로 부르심을 입은 자들에게는 모든 것이 합력하여 선을 이루느니라." 하나님께서 우리를 위해 모든 것이 합력하여 선을 이루게 하신다면, 긍정이나 낙관 외에 무엇이 남겠는가?

그러나 먼저 이 구절을 삶에 적용하여 우리가 이 조건들을 충족시키고 있는지 확인할 필요가 있다. 우리는 진심으로 하나님을 사랑하는가? 또 우리의 삶을 향한 그분의 뜻을 성취하고자 애쓰고 있는가? 그렇다면, 하나님이 우리를 위해 모든 것이 합력하여 선을 이루게 하실 것이다. 그러므로 우리에게 합당한 태도는 오직 한 가지뿐이다. 바로 낙관주의이다. 이러한 관점에서 그리스도인이 비관론자가 된다는 것은 사실상 자기 믿음을 부인하는 것이 된다.

이것은 앞서 말한 "믿음이 소망의 유일하고 확고한 근거"라는 사실을 확증해 준다. 우리는 먼저 "모든 것이 합력하여 선을 이룬다"는 로마서 8장 28절 말씀을 진실로 믿어야 한다. 이 말씀을 믿는다면 소망을 가질 수밖에 없다. 하지만 그게 아니라면 우리의 소망은 확실하고 견고한 기초가 없는 것이 된다.

소망에는 두 가지 형태가 있다. 이 둘은 비슷해 보이지만, 한 가지 중요한 점에서 차이가 난다. 하나는 내면의 진실한 믿음에 근거한 유효하고 타당한 소망으로, 기대하고 바라는 것이 적절한 시기에 성취되게 되어 있다. 다른 하나는 생각으로만 품고 있는 소망으로, 성경적인 타당성이나 효력이 없다. 그러므로 실망하고 낙담하게 될 가능성이 크다. 이들 두 가지 형태의 소망을 구별하는 법을 배우기 전까지 우리는 언제든지 절대로 이루어지지 않을 소망을 품게 될 위험성이 크다.

믿음은 현재적인 것이다

그러므로 믿음과 소망의 근본적이 차이점은, 믿음은 마음속에, 소망은 생각에 품는다는 것이다. 두 번째 차이점은, 믿음은 현재적이지만, 소망은 미래적이라는 것이다. 믿음은 실상 혹은 실체로, 이미 여기에 있는 것이다. 반면 소망은 기대하고 바라는 것으로, 미래를 바라볼 수밖에 없다.

사역하는 동안 정말 많은 이들이 내게 와서 "제가 진심으로 믿습니다. 저를 위해 기도해 주세요"라고 했다. 나는 이렇게 말하는 사람을 만날 때마다 마음이 철렁 내려앉는데, 경험상 그들이 가진 믿음으로는 구하는 것을 받지 못할 것을 알기 때문이다. 그것이 그들의 진심일 수도 있지만, 그들의 소망은 응답되지 않을 것이다. 그들이 믿음과 소망을 혼동하고 있기 때문이다.

이처럼 믿음과 소망을 혼동하기 쉬운 것은, 이미 살펴본 바와 같이 소망은 생각에 있는 반면 믿음은 마음속에 품는 것이기 때문이다. 보통 우리가 무슨 생각을 하는지는 쉽게 인식하지만, 우리의 마음속에 무엇이 있는지는 훨씬 파악하기 어려운 경우가 많다. 어떤 사람이 강한 기대감을 품고 그것을 믿음이라고 착각할 수도 있지만, 사실 그것은 소망이다. 반드시 있어야 할 기초이자 근거인 믿음이 없기에 그 사람은 기대하던 결과를 보지 못하게 된다.

믿음에는 예측 불가능한 속성이 있다. 이것은 예측할 수 없는 인간의 마음의 특성이 반영된 것이다. 때로는 나에게 강력한 믿음이 있는 것처럼 "느껴지는" 경우도 있었는데, 아무 일도 일어나지 않았다. 또 어떤 때에는 믿음이 조금도 없는 것처럼 "느껴졌는데", 하나님이 행하신 일을 보고 기분 좋게 놀라기도 했다. 이처럼 우리가 "느낄" 수 있는 믿음의 형태는 보통 정신적인 것이다. 이것은 참된 믿음이 아니다. 그런가 하면 나에게 있는지도 몰랐던 효과적이고 참된 믿음이 마음에서 솟아나며 놀라운 결과를 가져오는 경우도 있다.

많은 이들이 "하나님이 나를 치유해 주실 것을 믿습니다"라고 고백한다. 그러나 이 말의 실제적인 의미는 "나는 하나님이 내일 나를 치유해 주시길 바랍니다"이다. 믿음은 내일을 향하지 않는다. 그러므로 이것은 믿음이 아니다. 믿음은 지금 우리 안에 있는 것이다.

만일 우리가 계속해서 미래를 바라보며 기대하고 있다면, 믿음이 아니라 소망을 품고 있는 것이다.

수년 전 캠브리지에서 공부할 때, 학교 측에서 아테네로 가서 고대 헬라어를 공부할 수 있도록 장학금을 주었다. 나는 금방 그리스의 동상들과 건축물에 흥미를 잃어버리고, 그곳에 살고 있는 사람들에게 관심을 갖게 되었다. 학교 친구 한 명과 함께 여행을 다녔는데, 매일 아침 호텔을 나설 때마다 우리 구두를 닦겠다고 결단한 소년들이 우리를 기다리고 있었다. 지중해 지역을 여행한 적이 없다면, 구두닦이 소년들의 결단을 이해하지 못할 것이다. 그들은 "No"를 대답으로 간주하지 않는다. 처음 2-3일은 호텔 밖으로 과감히 나가면서 무시하는 듯한 태도로 "오치(Ochi)!"라고 해 보았다. 이것은 헬라어로 "No"에 해당하는 말이다. 하지만 아무 효과도 없었다. 소년들은 결국 우리 구두를 닦았다.

넷째 날 즈음에 친구는 다른 전략을 시도했다. 우리가 호텔 밖으로 걸어 나오자, 소년들은 늘 하던 대로 구두를 닦으려고 다가왔다. 그러자 친구는 그들의 얼굴을 똑바로 바라보면서 "아브리오"(Avrio)라고 했고, 그들이 잠시 머뭇거리는 사이 우리는 그곳을 무사히 빠져나올 수 있었다. "아브리오"가 무슨 뜻인지 아는가? "내일"이라는 뜻이다.

그리스도인이 되고 수년 후에 이 일이 떠올랐다. 이것은 마귀가 그리스도인들을 어떤 식으로 속이는지 생생하게 보여 주고 있었다. 우리가 치유나 사랑하는 사람의 구원을 위해 기도할 때, 마귀는 "너는 치유 받지 못할 거야"라든지 "네가 사랑하는 사람은 구원받지 못할 거야"라고 단호하게 말하지 않는다. 만일 그렇게 한다면, 우리는 그의 말을 들으려 하지 않을 것이다. 오히려 마귀는 이렇게 말한다. "그래, 네가 구하는 것을 받게 될 거야. 그런데 오늘 말고 내일 말이야." 그리하여 우리는 결국 구하는 것을 얻지 못하게 된다. 우리는 마귀의 "No"는 받아들이지 않지만, "내일"은 기꺼이 받아들이고 있다. 우리가 품고 있는 것은 믿음이 아니라 소망인 것이다.

하지만 하나님은 내일까지 미루지 않으신다. 그분은 이렇게 말씀하신다. "지금은 은혜 받을 만한 때요 보라 지금은 구원의 날이로다"(고후 6:2). 하나님은 영원토록 지금, 곧 현재에 거하시는 분이다. 그분은 절대로 믿음에 대해 "나는 과거에 …이었다" 혹은 "나는 앞으로는 …일 것이다"로 자신을 계시하지 않으신다. 항상 "나는 지금 …이다"로 계시하신다. 믿음이 하나님과 만날 때 그것은 항상 현재형이다.

이 원리를 하나님께 간구하는 것에 적용하면, 우리의 기도 생활에 극적인 변화가 일어날 것이다. 마가복음 11장 24절에서 예수님은 이렇게 말씀하셨다. "그러므로 내가 너희에게 말하노니 무엇이든지 기도하고 구하는 것은 받은 줄로 믿으라 그리하면 너희에게 그대로 되리라." 예수님은 우리가 기도하는 것을 언제 받는다고 말씀하셨는가? 미래의 불확실한 어느 시점인가? 아니다, 우리가 기도하는 바로 그 순간에 받는 것이다. 그러므로 우리는 또한 구한 것을 받게 될 것을 안다.

'주시는 것'은 여전히 미래의 일이지만, 믿음으로 '받는 것'은 우리가 기도할 때 일어난다. 이미 믿음으로 받았기에, 우리가 기도하는 그 순간에 받은 것들이 하나님의 때에 실제로 주어질 것을 아는 것이다. 믿음으로 받는 것은 현재의 일이지만, 우리가 받은 것이 나타나는 것은 미래의 일이다. 하지만 현재의 믿음이 없다면, 그것이 미래에 나타날 것을 확신할 수 없다.

히브리서 4장 3절은 다음과 같다. "이미 믿는 우리들은 저 안식에 들어가는도다." 여기서 '믿는다'에 해당하는 헬라어는 받는 것, 곧 '들어가다'에 해당하는 헬라어보다 앞선 완료시제를 사용하고 있다. 또한 믿는 것은 반복할 필요가 없는 이미 성취된 일로 여겨진다. 우리가 이미 믿었기 때문에 "그 안식에 들어가는" 것이다. 더는 고군분투하거나 염려할 필요가 없다. 믿음으로 받은 것은 적절한 때에 경험하게 되어 있다. 이러한 과정 가운데 (믿음으로) 받는 것은 우리가 해야 할 일이고, 나타내는 것은 하나님이 하실 일이다.

요약

믿음과 소망은 밀접하게 연결되어 있지만, 이들 사이에는 두 가지 중요한 차이점이 있다. 첫째, 믿음은 마음에서 나오지만, 소망은 생각으로 품는다는 것이다. 둘째, 믿음은 현재형으로, 우리가 이미 가지고 있는 것, 곧 실체이며 실상이지만, 소망은 미래를 바라보며, 오리라/이루어지리라 기대하는 것이다.

마음 깊은 곳의 참된 믿음에 근거한 소망은 우리를 낙담시키지 않는다. 하지만 이러한 기초가 없다면, 우리의 소망이 성취될 것을 확신할 수 없다.

소망은 우리의 생각을 지키고 보호하도록 하나님이 주신 것이다. 그러나 이것으로는 하나님이 오직 믿음에 대해서만 약속하신 결과들을 얻어 내거나 달성할 수 없다. 우리가 구하는 것을 하나님으로부터 받는 열쇠는 간구할 때에 믿음으로 받는 것이다. 이렇게 함으로 우리는 끊임없는 수고와 노력, 염려에서 해방되어 내적 평안으로 들어가게 된다.

Faith

Chapter 3

은사로서의 믿음

THE POWER OF FAITH
ENTERING INTO THE FULLNESS OF GOD'S POSSIBILITIES

신약성경에 묘사된 바와 같이 믿음에는 다양한 측면이 있다. 믿음의 본질적인 속성은 히브리서 11장 1절에서 정의된 바와 항상 일치한다. "믿음은 바라는 것들의 실상이요, 보이지 않는 것들의 증거니." 하지만 이러한 본질은 뚜렷이 구별되면서도 서로 연결된 여러 가지 형태로 나타난다.

믿음의 주요 형태 세 가지를 정리하면 다음과 같다.

1. 은사로서의 믿음
2. 열매로서의 믿음
3. 삶의 기준, 원칙으로서의 믿음

이 중 세 번째는 믿는 자와 하나님을 직접 연결시켜 삶의 모든 영역에 영향을 끼치는 지속적이고 개인적인 관계이다. 이것은 그 사람이 하는 모든 일에 동기와 방향을 제시하고 능력이 된다. 또한 실제로 의로운 삶을 살기 위한 유일하고도 충분한 근거가 된다. 그래서 나는 이것을 "삶의 기준, 원칙으로서의 믿음"이라고 부른다.

이 믿음에 대해서는 이 책 5장에서 철저하게 살펴볼 것이다. 그러나 이번 장에서는 먼저 은사로서 믿음의 본질에 대해 살펴보려 한다. 그런 다음 4장에서 열매로서의 믿음에 대해 살펴볼 것이다.

성령의 은사의 본질

바울은 고린도전서 12장에서 성령의 은사에 대해 설명한다. 1절은 이렇게 시작된다. "형제들아, 이제 나는 영적 선물들에 관하여 너희가 모르기를 원치 아니하노라"(킹흠정역). 그리고 이어서 아홉 가지 독특한 은사들이 열거된다.

> 각 사람에게 성령을 나타내심은 유익하게 하려 하심이라 어떤 사람에게는 성령으로 말미암아 지혜의 말씀을, 어떤 사람에게는 같은 성령을 따라 지식의 말씀을, 다른 사람에게는 같은 성령으로 믿음을, 어떤 사람에게는 한 성령으로 병 고치는 은사를, 어떤 사람에게는 능력 행함을, 어떤 사람에게는 예언함을, 어떤 사람에게는 영들 분별함을, 다른 사람에게는 각종 방언 말함을, 어떤 사람에게는 방언들 통역함을 주시나니 이

모든 일은 같은 한 성령이 행하사 그의 뜻대로 각 사람에게 나누어 주시는 것이니라 (고전 12:7-11)

이 은사들의 독특한 속성을 설명하는 핵심 단어는 바로 "나타나심"이다(7절). 믿는 자 안에 거하시는 성령님은 눈에 보이지 않으신다. 하지만 이러한 은사들이 그 사람을 통해 역사함으로 성령의 임재가 사람이 인식할 수 있게 나타나는 것이다. 각각의 은사들은 감각의 영역에 그 결과를 만들어 내기에, 볼 수도, 들을 수도, 느낄 수도 있다.

이러한 은사들은 믿는 자의 성격이 아니라 그 사람 안에 거하시는 성령의 인격이 나타나는 것이다. 그래서 전부가 초자연적인 것이 특징이다. 각각의 은사들은 그 사람의 능력을 초월하는 더 높은 차원의 결과들을 일으킬 수 있다. 이러한 결과들은 오직 성령님의 직접적이고 초자연적인 역사를 통해서만 나타날 수 있는 것들이다. 성령님은 믿는 자들과 그들의 은사들을 통해 보이지 않는 영역에서 시공간의 물질세계에 직접적으로 영향을 끼치신다.

바울은 이러한 은사들과 관련하여 실제적이고 중요한 사실 두 가지를 확실히 한다. 첫째, 은사는 오직 성령님이 임의로 각 사람의 섬김과 사역을 위해 그분의 주권적인 뜻대로 나눠주시는 것이다. 사람의 의지나 공로, 성취로 성령의 은사를 받게 되는 것이 아니다. 둘째, 이들 은사들은 유익을 얻게 하려고, 곧 유용하고 실제적인 목적을 위해 각 사람에게 주신 것이다. 성경 교사인 밥 멈포드가 말한 것처럼 "성령의 은사는 장난감이 아니라 도구이다."

이들 아홉 가지 성령의 은사는 보통 세 부류로 나뉜다.

- **발성의 은사**-믿는 자의 발성 기관을 통해 역사하는 은사들로, 예언, 방언, 통변의 은사들이 여기에 포함된다.
- **계시의 은사**-성령의 조명하심을 전달하는 은사들로, 지혜의 말씀, 지식의 말씀, 영들 분별함의 은사 등이 있다.
- **능력의 은사**-하나님의 초자연적인 능력을 물질세계에 나타내는 은사로, 믿음, 치유의 은사, 그리고 기적 행함의 은사 등이 있다.

하나님의 믿음을 가지라

이제 우리는 세 가지 능력의 은사 중에 먼저 믿음의 은사를 살펴볼 것이다. 이 은사는 믿는 자를 통해 일하시는 성령님의 주권적, 초자연적 나타나심이라는 점에서 다른 형태의 믿음과 구별된다. 여기서 "주권적", "초자연적"이란 말이 핵심이다.

마태복음 21장과 마가복음 11장에서 제자들과 함께 예루살렘으로 가시던 예수님은 길가에서 무화과나무를 발견하고 다가가신다. 그분은 열매를 구하셨지만, 잎사귀만 무성한 것을 발견하시고는 저주를 선포하셨다. "이제부터 영원토록 사람이 네게서 열매를 따 먹지 못하리라"(막 11:14). 다음 날, 예수님과 함께 다시 그 나무 앞을 지나가던 제자들은 하루가 못 되어 뿌리부터 말라버린 나무를 보고 깜짝 놀란다. 베드로는 이렇게 말한다. "랍비여 보소서 저주하신 무화과나무가 말랐나이다"(막 11:21).

예수님은 그에게 이렇게 답하신다. "하나님을 믿으라!"(막 11:22). 그런데 사실 예수님의 말씀을 문자 그대로 번역하면 "하나님의 믿음을 가지라"가 된다. 이것이 바로 우리가 여기서 살펴보고 있는 특별한 종류의 믿음, 곧 은사로서의 믿음이다. 믿음은 사람에게서 나오는 것이 아니다. 바로 하나님에게서 시작된다. 이것은 하나님의 영원한 속성 중 하나이다. 성령님이 믿음의 은사를 통해 하나님의 믿음 일부를 믿는 자에게 직접 초자연적으로 나눠주시는 것이다. 이것은 하늘이 땅보다 높은 것처럼, 사람의 믿음보다 훨씬 높은 하나님 차원의 믿음이다.

예수님은 "하나님의 믿음을 가지라"고 말씀하시며 제자들에게도 그분처럼 이 믿음을 받아 사용하라고 도전하셨다. 나아가 이런 종류의 믿음을 가지면 그분이 무화과나무에 하신 일을 그들도 행할 수 있을 뿐만 아니라, 선포하기만 해도 산을 옮길 수 있게 될 거라고 말씀하셨다.

예수께서 대답하여 이르시되 내가 진실로 너희에게 이르노니 만일 너희가 믿음이 있고 의심하지 아니하면 이 무화과나무에게 된 이런 일만 할 뿐 아니라 이 산더러 들려 바다에 던져지라 하여도 될 것이요 (마 21:21)

이것은 제자들에게만 하시는 말씀이 아니다. 예수님은 마가복음 11장 23절에서 "누구든지"라는 말을 사용하여 모든 믿는 자에게 이 약속을 확장시키신다.

내가 진실로 너희에게 이르노니 누구든지 이 산더러 들리어 바다에 던져지라 하며 그 말하는 것이 이루어질 줄 믿고 마음에 의심하지 아니하면 그대로 되리라

예수님은 이런 종류의 믿음과 관련하여 그 기회나 범위에 제한을 두지 않으신다. 그분은 모두를 포괄하는 표현을 사용하신다. "누구든지… 그 말하는 것이… 그대로 되리라." 말하는 사람이 누구인지 또는 무엇을 선포하는지에 대한 제한이 없다는 것이다. 정말 중요한 것은 믿음의 본질이다. 그것은 하나님 자신의 믿음이어야 한다.

누가복음 8장 22-25절을 보면, 예수님과 제자들이 배를 타고 갈릴리 바다를 건너가는데, 갑자기 이상한 광풍이 불어닥친다. 제자들은 고물에서 주무시는 예수님을 깨우며 "주여 주여 우리가 죽겠나이다"(24절)라고 말한다. 이어서 성경은 이렇게 기록한다. "예수께서 잠을 깨사 바람과 물결을 꾸짖으시니 이에 그쳐 잔잔하여지더

라."

예수님이 여기서 사용하신 믿음은 분명 인간적인 차원의 것이 아니었다. 바람과 물은 사람이 통제할 수 없는 것이 정상이다. 하지만 예수님은 필요한 순간에 아버지의 믿음을 임파테이션 받으셨다. 그리고 그 믿음을 가지고 선포하심으로 사람으로는 불가능한 일을 해내셨다. 즉시 폭풍이 잠잠해졌다.

위험이 지나가자 예수님은 제자들을 돌아보며 말씀하셨다. "너희 믿음이 어디 있느냐"(25절). 다시 말해 "어찌하여 너희들은 그렇게 하지 못했느냐? 왜 내가 해야만 했느냐?"라고 물으신 것이다. 제자들이 바른 믿음을 사용했더라면, 예수님처럼 그들도 폭풍을 잠잠케 할 수 있었을 것이라는 말씀이었다. 하지만 위기의 순간에 폭풍의 위력이 제자들의 감각에 영향을 미쳤고, 그들의 마음에 두려움이 들어오게 되면서 믿음을 차단해 버리고 말았다. 반면 예수님은 아버지께 마음을 여시고 그 폭풍을 해결하는 데 필요한 초자연적인 믿음의 은사를 받아들이셨다.

양이 아니라 질이다

나중에 예수님은 또 다른 종류의 폭풍과 맞닥뜨리셨다. 뇌전증(간질)을 앓는 아이가 땅바닥을 뒹굴고 있었고, 그 아버지는 괴로워하며 도움을 간청하고 있었다. 예수님은 갈릴리 바다에서와 마찬가지로 이 폭풍을 해결하셨다. 그분은 권세 있는 믿음의 말씀으로 소년에게서 악한 영을 몰아내셨다. 제자들이 어찌하여 자기들은 그렇게 할 수 없었는지 묻자, 예수님은 분명하게 말씀하신다. "너희 믿음이 작은 까닭이니라"(마 17:20). 그분은 이어서 이렇게 말씀하신다. "만일 너희에게 믿음이 겨자씨 한 알 만큼만 있어도 이 산을 명하여 여기서 저기로 옮겨지라 하면 옮겨질 것이요 또 너희가 못할 것이 없느니라."

여기서 예수님은 겨자씨를 양의 측정 단위로 사용하신다. 마태복음 13장 32절에 따르면, 이 겨자씨가 "모든 씨보다 작은 것"이라고 한다. 다시 말해 예수님은 여기서 중요한 것은 믿음의 양이 아니라 질이라고 말씀하시는 것이다. 만일 어떤 사람에게 "올바른 믿음"이 겨자씨 한 알 정도만 있다면, 충분히 산을 옮길 수 있다는 말이다.

이 땅에서의 사역이 절정을 향해 가고 있을 때, 예수님은 다시 한번 올바른 믿음으로 선포된 말씀의 능력을 보여 주셨다. 그분은 나사로의 무덤 밖에서 큰 소리로 "나사로야, 나오너라" 하고 외치셨다(요 11:43). 초자연적인 믿음의 힘을 받은 이 간단한 명령에 죽어서 장사된 사람이 살아서 건강한 모습으로 무덤에서 걸어 나왔다.

이러한 초자연적 믿음의 원형은 천지창조에서 나타난다. 하나님은 바로 이 믿음의 말씀으로 우주를 존재하게 만드셨다. "여호와의 말씀으로 하늘이 지음이 되었으며 그 만상을 그의 입 기운(문자적으로는 영)으로 이루었도다… 그가 말씀하시매 이루어졌으며 명령하시매 견고히 섰도다"(시 33:6,9). 성령의 능력을 입고 선포된 하나님의 말씀이 모든 피조물을 창조해 낸 것이다.

믿음의 은사가 발휘될 때, 사람은 잠시 하나님의 믿음이 나타나는 통로가 된다. 이제 중요한 것은 말하는 사람이 아니다. 믿음을 나타내는 것이 중요하다. 하나님의 믿음이 활동하면, 그것이 하나님의 입으로 선포된 말씀이든, 사람의 입을 통해 성령이 하시는 말씀이든 능력은 동일하다. 믿는 자가 하나님의 믿음을 사용하면, 그의 말이 하나님이 친히 선포하신 말씀처럼 능력 있게 된다는 말이다.

우리는 지금까지 선포된 말씀을 통해 초자연적인 믿음이 나타난 예들을 살펴보았다. 예수님은 말씀으로 무화과나무를 뿌리부터 마르게 하셨고, 폭풍을 잠잠케 하셨으며, 뇌전증을 앓는 소년에게서 귀신을 쫓아내셨고, 죽은 나사로를 무덤에서 불러내셨다. 그분은 마가복음 11장 23절에서 믿음으로 선포된 말에 대하여 다음과 같이 말씀하셨다. "누구든지… 그 말하는 것이… 그대로 되리라."

또 기도 가운데 선포된 말이 믿음의 은사의 통로가 되는 경우도 있다. 야고보서 5장 5절은 "믿음의 기도는 병든 자를 구원하리니"라고 말씀한다. 이것은 믿음의 기도의 효과 혹은 영향력에 대해 말씀하는 것이 분명하다. 믿음의 기도는 반드시 응답된다. 그 무엇도 하나님이 주신 믿음으로 드린 기도를 이길 수 없다. 어떤 질병도, 하나님의 뜻을 거스르는 다른 어떤 상황도 그것을 막을 수 없다.

야고보는 "믿음의 기도"를 드린 인물로 엘리야를 언급한다. 그는 기도로 3년 반 동안 비가 내리지 않게 하였을 뿐만 아니라, 또다시 내리게도 만든 사람이었다(약 5:17-18). 성경은 비를 내리게 하는 것은 하나님의 권한이라고 말씀한다(신 11:13-17, 렘 5:24, 14:22). 그런데 엘리야는 3년 반 동안이나 하나님을 대신하여 이러한 권한을 행사했다. 야고보는 엘리야가 "우리와 성정이 같은 사람," 곧 우리와 같은 본성을 지닌 사람이었음을 강조한다. 그러나 그가 하나님의 믿음으로 기도할 수 있게 되자, 그의 말에 하나님이 친히 명령하신 것과 같은 능력이 나타났다.

그러나 선포된 말을 통해서만 이런 종류의 믿음이 역사하는 것은 아니다. 예수님은 바로 이러한 초자연적 믿음으로 폭풍우 치는 바다 위를 걸으실 수 있었다(마 14:25-33). 그분은 말씀하실 필요가 없었다. 그저 물 위로 걸어 가셨을 뿐이다. 베드로도 예수님의 본을 따라 동일한 종류의 믿음을 사용했다. 그리하여 그도 예수님과 마찬가지로 물 위를 걸을 수 있었다. 그러나 그의 시선이 예수님에게서 사나운 물결로 옮겨지자, 믿음이 그를 떠났고 가라앉기 시작했다!

예수님은 분명하게 말씀하신다. "믿음이 작은 자여, 왜 의심하였느냐"(마 14:31). 예수님은 베드로가 물 위로 걷고자 했던 것을 책망하지 않으셨다. 그분은 그가 도중에 믿음을 잃어버린 것에 대해 꾸짖으셨다. 성령의 능력에 관해 여러 권의 책을 쓴 돈 바샴(Don Basham)에 따르면, 모든 사람의 마음에는 초자연적 믿음으로 나아가서 자기 능력을 초월하여 행하고 싶은 신성한 욕구 혹은 충동이 심겨져 있다고 한다. 사람 안에 이러한 열망을 두신 분이 하나님이시기에 그분은 우리를 꾸짖지 않으신다. 오히려 우리에게 기꺼이 믿음을 주시며 그런 일들을 행할 수 있게 해 주신다. 하나님은 우리가 이러한 믿음에 도달하려고 애쓸 때가 아니라, 그것을 충분히 붙들지 않을 때 실망하신다.

주도권은 하나님께 있다

이 초자연적인 믿음은 특별한 필요를 채우기 위해 특정 상황에 주어진다. 이것을 감독하고 주관하시는 분은 하나님이시다. 그분의 믿음이기에 그렇게 하시는 것이 마땅하다. 하나님은 자신의 뜻대로 이 믿음을 나눠주신다. 이 믿음은 바울이 말한 초자연적 은사들 가운데 하나이다. 그는 이 은사들에 대해 "이 모든 일은 같은 한 성령이 행하사 그의 뜻대로 각 사람에게 나누어 주시는 것이니라"(고전 12:11)고 하였다. 여기서 핵심은 "그의 뜻대로"이다. 하나님이 친히 각각의 은사를 언제, 누구에게 나눠줄지를 결정하신다. 주도권은 사람이 아니라 하나님께 있다.

이것은 예수님의 사역에서도 마찬가지였다. 그분은 열매 없는 모든 무화과나무를 저주하신 것이 아니었다. 모든 폭풍을 잠잠하게 하신 것도 아니고, 모든 죽은 자를 무덤에서 불러내신 것도, 또 항상 물 위로 걸어 다니신 것도 아니었다. 예수님은 조심스럽게 주도권을 아버지께 넘겨 드리셨다. 그분은 요한복음 5장 19절에서 다음과 같이 말씀하셨다. "아들이 아버지께서 하시는 일을 보지 않고는 아무것도 스스로 할 수 없나니 아버지께서 행하시는 그것을 아들도 그와 같이 행하느니라." 또 요한복음 14장 10절에서는 이렇게 말씀하셨다. "내가 너희에게 이르는 말은 스스로 하는 것이 아니라 아버지께서 내 안에 계셔서 그의 일을 하시는 것이라." 이처럼 주도권은 항상 하나님 아버지께 있었다.

우리는 예수님처럼 하나님 아버지와의 관계 가운데 경외감을 가지고 조심하는 법을 배워야 한다. 믿음의 은사는 우리가 제멋대로 부리는 것이 아니다. 개인적인 야망이나 변덕을 만족시키기 위한 것도 아니다. 하나님이 그분의 영원한 목적, 그 뜻하신 바를 성취하시기 위해 임의로 허락하시는 것이다. 우리는 하나님의 주도권을 빼앗을 수 없고, 그래서도 안 된다. 혹시 하나님이 그것을 허락해 주시더라도, 그 결과는 결국 우리에게 해로울 것이다.

겨자씨로 묘사된 믿음의 은사는 두 가지 계시의 은사, 곧 지시적인 지혜의 말씀의 은사와 정보 혹은 지식을 주는 지식의 말씀의 은사와 비슷하다. 하나님께는 모든 지식과 지혜가 있지만, 다행히 그 모든 짐을 우리에게 지우시지는 않는다. 하지만 지시나 방향이 필요한 상황이라면, 그분의 지혜의 보고에서 작은 겨자씨 한 알, 곧 지혜의 말씀을 꺼내어 주신다. 또 우리에게 지식이나 정보가 필요한 상황이라면, 그분의 지식의 창고에서 작은 "겨자씨" 한 알, 곧 지식의 말씀을 꺼내어 주신다.

믿음의 은사도 마찬가지이다. 하나님께는 모든 믿음이 있지만, 우리에게 전부를 주시지는 않는다. 더 높은 차원의 믿음이 필요한 상황에 처하게 되면, 하나님은 그분의 창고에서 "겨자씨" 한 알의 믿음을 꺼내어 우리에게 주신다. 그리고 그 특별한 필요가 충족되면 그것을 거둬 가셔서 다시 우리의 믿음만 사용하게 하신다.

복음 전도를 위한 준비

이미 살펴본 바와 같이 믿음의 은사는 두 가지 능력의 은사, 곧 치유와 능력 행함의 은사들과 관련이 있다. 실제로 믿음의 은사는 다른 두 은사들이 역사하게 하는 촉매제 역할을 하는 경우가 많다. 사도행전 8장 5-8절에 묘사된 빌립의 사마리아 사역은 이러한 예를 분명히 보여 준다.

> 빌립이 사마리아 성에 내려가 그리스도를 백성에게 전파하니 무리가 빌립의 말도 듣고 행하는 표적도 보고, 한마음으로 그가 하는 말을 따르더라 많은 사람에게 붙었던 더러운 귀신들이 크게 소리를 지르며 나가고

> 또 많은 중풍병자와 못 걷는 사람이 나으니 그 성에 큰 기쁨이 있더라

빌립은 사역의 첫 번째 단계로 악한 영들을 쫓아냈다. 마태복음 17장 14-21절과 다른 여러 곳에 기록되어 있는 예수님의 모습을 살펴보면, 악한 영들이 믿음의 은사를 사용하여 선포된 말씀에 쫓겨 나갔음을 알 수 있다. 빌립의 사역 두 번째 단계에서는 두 가지 능력의 은사들, 곧 치유와 기적의 은사가 역사했다. 그리하여 기적이 일어났고, 중풍병자와 걷지 못하던 사람이 치유받았다.

사도행전 21장 8절은 빌립을 "전도자"라 칭한다. 신약성경에는 예수님과 빌립, 두 전도자가 사역하는 모습만 묘사되어 있다. 둘 다 악한 영들을 몰아낸 다음, 기적과 치유가 뒤따랐음을 강조하고 있다. 신약성경은 믿음, 기적, 치유, 이 세 가지 능력의 은사들이 전도자의 사역에 필수적인 초자연적 무장, 곧 능력이라고 기록한다.

요약

믿음의 은사는 바울이 고린도전서 12장 7-11절에 소개한 아홉 가지 성령의 은사 중 하나이다. 이 은사들은 믿는 자들 안에 거하시며 그들을 통해 역사하시는 성령님이 초자연적으로 나타나시는 것이다.

성령님은 이 믿음의 은사를 통해 하나님의 믿음을 일시적으로 믿는 자에게 임파테이션해 주신다. 이것은 인간의 수준을 훨씬 뛰어넘는 하나님 차원의 믿음이다. 중요한 것은 양이 아니라 질이다. 이런 종류의 믿음이 "겨자씨" 한 알 만큼만 있어도 충분히 산을 옮길 수 있다.

믿음의 은사는 선포된 말씀을 통해서만 역사하는 것이 아니다. 그렇지만 그렇게 나타나는 경우가 많다. 이와 같은 말씀은 기도 중에 선포될 수도 있다. 이 은사를 통해 예수님은 무화과나무가 마르게 하셨고, 폭풍을 잠잠케 하셨으며, 뇌전증을 앓는 소년에게서 악한 영을 쫓아내셨고, 나사로를 무덤에서 불러내셨으며, 폭풍이 몰아치는 물 위를 걸으셨다.

이런 종류의 믿음을 사용하고자 하는 욕망 또는 충동을 사람 안에 심어 놓으신 분이 바로 하나님이시기에 그분은 우리를 책망하지 않으신다. 오히려 우리가 이런 믿음을 너무 빨리 포기하는 것에 실망하신다. 하지만 예수님처럼 항상 주도권은 하나님께 맡겨 드려야 한다.

믿음의 은사는 치유와 기적의 은사를 일으키는 촉매제 역할을 할 수 있다. 신약성경은 이 세 가지 은사들이 전도자가 사역하기 위해 반드시 갖추어야 할 능력이라고 기록한다.

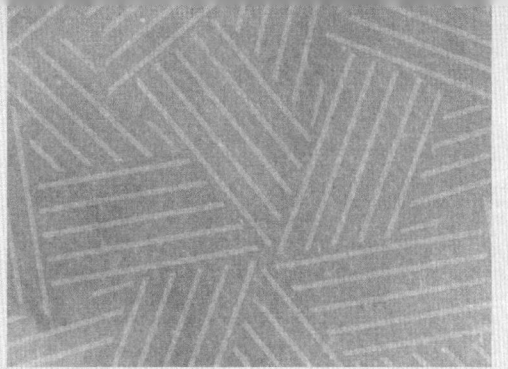

Faith

하나님이 친히 각각의 은사를 언제, 누구에게 나눠줄지를 결정하신다.

주도권은 사람이 아니라 하나님께 있다.

Faith

Chapter 4

열매로서의 믿음

THE POWER OF FAITH
ENTERING INTO THE FULLNESS OF GOD'S POSSIBILITIES

앞 장에서는 바울이 고린도전서 12장 7-11절에 언급한 성령의 아홉 가지 은사 중 하나로서의 믿음이 어떻게 역사하는지 살펴보았다. 이번 장에서는 갈라디아서 5장 22-23절에 기록된 성령의 아홉 가지 열매 중 하나로서 믿음이 어떤 역할을 하는지 살펴볼 것이다.

> 그러나 성령의 열매는 사랑과 희락과 화평과 오래 참음과 친절과 선함과 믿음과 온유와 절제니 그러한 것을 반대할 법이 없느니라 (한글킹제임스)

여기서 믿음은 일곱 번째 열매로 기록되어 있다. 역본에 따라 "충성", "신실함", "성실" 등 다양하게 번역되어 있지만, 바울이 사용한 헬라어는 '피스티스'(pistis)이다. 1장에서 살펴본 것처럼 '피스티스'는 신약성경 전반에서 "믿음"을 나타내는 말로 사용되었다.

열매 vs. 은사

이 특별한 열매에 대해 살펴보기 전에, 성령의 은사와 열매의 관계에 대해 생각해 보는 것이 도움이 될 것이다. 이 둘은 무엇이 어떻게 다를까?

크리스마스트리와 사과나무가 나란히 서 있는 모습을 상상해 보자. 이 크리스마스트리에는 선물(은사)이 걸려 있다. 즉 사과나무에는 사과 열매가, 크리스마스트리에는 선물이 매달려 있다.

크리스마스트리에는 간단하게 선물을 매달 수도, 제거할 수도 있다. 그런데 여기서 나무는 전나무인데, 걸려 있는 선물은 옷이나 책 같은 것일 수도 있다. 나무와 선물 사이에 직접적인 관련이 없는 것이다. 다시 말해, 이 선물로는 그것이 걸려 있던 나무의 본질에 대하여 아무것도 알 수 없다.

반면, 사과와 사과나무는 직접적인 관계가 있다. 나무의 본질이 열매의 본질, 곧 그 종류와 속성을 결정한다. 사과나무가 오렌지 열매를 맺는 법은 없다. 건강한 나무는 건강한 열매를, 건강하지 않은 나무는 건강하지 않은 열매를 맺게 될 것이다(마 7:17-20). 사과나무는 크리스마스트리처럼 간단하게 열매를 맺게 할 수 없다. 꾸준하고 지속적인 성장과 발전의 과정을 거쳐야 한다. 가장 좋은 열매를 맺으려면, 나무를 조심스럽게 가꿔야 하는데, 여기에는 시간과 기술과 수고가 요구된다.

이 단순한 비유를 영적인 영역에 적용해 보자. 성령의 은사는 단번에 주어지고 받게 된다. 그리고 그것을 사용하는 사람의 본질, 곧 성품에 관해서는 아무것도 드러내지 않는다. 반면 성령의 열매는 그것이 나타나는 삶의 본질을 보여 준다. 즉, 이것은 오직 성장 과정의 결과로 나타나게 된다. 그러므로 최상의 열매를 맺으려면, 많은 시간과 기술과 공을 들여 조심스럽게 삶을 가꾸어야 한다.

또 다르게 표현하자면, 성령의 은사는 능력을, 열매는 성품을 나타낸다고 할 수 있다. 어느 것이 더 중요할까? 궁극적으로는 분명 성품이 능력보다 더 중요하다. 은사의 사용은 일시적인 것이다. 바울이 고린도전서 13장 8-13절에서 설명한 것처럼, 더 이상 은사를 필요로 하지 않는 때가 올 것이다. 그러나 성품은 영원히 남게 된다. 우리가 이 땅에서 성장, 발전시킨 성품이 우리의 영원한 모습이 될 것이다. 우리는 언젠가 은사를 내려놓게 되어 있다. 하지만 성품은 영원토록 우리와 함께하게 된다.

하지만 우리는 하나를 포기하고 다른 것을 선택할 필요가 없다. 은사는 열매를 배척하지 않고, 열매도 은사를 배척하지 않는다. 오히려 이 둘은 서로를 보완하게 되어 있다. 예수님처럼 은사들을 통해 실제적으로 성품이 표현되어야 한다. 그분은 성령의 은사를 최대한 사용하심으로 그분의 사랑과 자비로운 성품을 보여 주셨다. 예수님은 오직 이 은사들을 통해 사람들의 필요를 채워 주심으로, 자신이 나타내고자 하는 분, 곧 하늘 아버지의 성품을 온전히 드러내실 수 있었다(요 14:9-10).

우리도 예수님의 본을 따라야 한다. 우리에게서 사랑과 배려, 긍휼과 같은 예수님의 성품이 나타날수록, 그것을 실질적으로 표현하기 위해 그분이 사용하신 은사들도 필요로 하게 된다. 이런 은사들이 온전히 구비될수록, 예수님처럼 하나님 아버지를 영광스럽게 하는 것이 우리의 가장 큰 능력이 된다.

그러므로 열매는 성품으로 나타난다. 성령의 아홉 가지 열매가 온전히 발현되면, 각각의 열매들이 특정한 필요를 채우고 서로를 보완함으로 그리스도인의 완전한 성품이 드러나게 된다. 이 완전성 안에서 열매로서의 믿음을 두 가지 측면으로 살펴볼 수 있다. 이 둘은 서로 용법은 다르지만, 헬라어 '피스티스'의 사용과 관련이 있다. 하나는 신뢰이고, 다른 하나는 신뢰할 수 있음, 곧 신뢰성이다.

신뢰로서의 믿음

예루살렘 성경은 '피스티스'를 '믿어 의심치 않음', '굳게 신뢰함'(trustfulness)으로 번역했다. 예수님은 하나님 나라에 들어가려면 어린아이와 같이 되어야 한다고 여러 차례 강조하셨다(마 18:1-3, 19:13-14, 막 10:13-15, 눅 18:16-17). '믿어 의심치 않음', '굳게 신뢰함'이란 말만큼 어린아이의 특성을 분명하게 보여 주는 말도 없을 것이다.

그럼에도 이것은 아브라함, 모세, 다윗, 바울 등 성숙된 하나님의 사람들에게서 완벽하게 나타나는 특징이기도 하다. 그러므로 이러한 신뢰를 얼마나 구축했느냐가 영적 성숙을 측정하는 기준이 된다고 결론지을 수 있다.

더 온전하게는 하나님의 선하심과 지혜 그리고 신실하심을 변함없이 그리고 흔들림 없이 확고하게 신뢰하는 것이라고 정의할 수 있을 것이다. 어떠한 시련이나 재난 같은 것이 닥쳐오더라도 이 열매를 잘 키우고 가꾼 사람은 모든 상황 가운데 침착하게 평강을 유지하게 된다. 하나님이 여전히 모든 상황을 완벽하게 통제하고 계시며, 모든 일을 통해 그분의 자녀 한 사람 한 사람을 향한 복된 목적과 뜻을 이루고 계심을 흔들림 없이 신뢰한다.

이러한 신뢰가 외적으로 표현되는 것이 안정성(또는 견고함)이다. 다윗은 시편 125편 1절에서 이것을 다음과 같이 아름답게 표현하였다. "여호와를 의지하는 자는 시온 산이 흔들리지 아니하고 영원히 있음같도다." 오직 한 곳, 시온 외에 이 땅의 모든 산이 떨며 흔들릴 것이고, 심지어 완전히 사라질 것이다. 하나님이 거처로 택하신 시온 산만 영원히 남아 있을 것이다.

하나님을 신뢰하는 법을 배운 자도 마찬가지이다. 주변의 모든 이들이 공포와 혼란에 빠지더라도, 그는 침착과 평온을 유지하게 된다. "그의 터전이 성산에 있음이여"(시 87:1).

1960년경 나는 서부 케냐에서 아프리카인 교사들을 훈련하는 대학교의 학장으로 있었는데, 아그네타라는 여학생이 장티푸스에 걸렸다. 아내와 함께 문병을 갔다가 그녀의 상태가 위중하다는 것을 알게 되었다. 그녀는 혼수상태에 빠져 있었다. 나는 대화를 나눌 수 있을 정도로 그녀가 의식을 차리게 해 달라고 기도했다. 잠시 후 그녀가 눈을 뜨더니 나를 쳐다보았다.

나는 물었다. "아그네타, 당신의 영혼이 주님의 손안에서 안전하다는 사실을 확실히 아나요?"

"네!" 그녀는 분명하고도 단호한 목소리로 답하고는, 곧바로 다시 혼수상태에 빠졌다. 하지만 나는 만족했다. "네!"라는 말 한 마디로 충분했다. 그것은 이 세상의 그 무엇도 흔들거나 무너뜨릴 수 없는 깊고도 확고한 신뢰의 표현이었다.

이러한 신뢰의 핵심은 '자신을 하나님께 드리는 것, 곧 헌신'이다. 아그네타는 1년 전 즈음 내 앞에서 분명하게 자신의 삶을 예수 그리스도께 바쳤다. 그래서 시험의 때, 어쩌면 영원한 심판의 타작마당에서 다시 한번 자신을 드리겠다고 고백할 필요가 없었다. 이미 드린 고백, 이 땅에서의 삶과 죽음, 현재와 영원을 아우르는 그 헌신의 고백에 머물러 있기만 하면 되는 것이었다.

하나님은 때가 되자, 친구들의 기도에 응답해 주셔서 아그네타의 건강을 온전히 회복시켜 주셨다. 그녀가 이러한 기도의 효과 혹은 영향력을 받아들일 수 있었던 가장 큰 이유는 신뢰하는 태도 때문이었다.

다윗은 시편 37편 5절에서 다음과 같이 말했다. "너의 길을 주께 맡기고, 또 그를 신뢰하라. 그리하면 그가 이루어 주시리라"(한글킹제임스). 하반절을 조금 더 문자적으로 번역하면, "그가 그 일을 이루고 계신다"가 된다. 여기서 우리는 두 가지를 요구받는다. 첫 번째는 행함이다. 우리는 주께 맡겨 드려야 한다. 두 번째는 "신뢰하는" 태도, 자세이다. 주께 맡기는 행위는 신뢰하는 태도, 자세로 이어진다. 다윗은 우리가 지속적으로 신뢰하는 태도를 취하면, 하나님이 "그 일을 이루고 계신다"고 분명하게 말했다. 다시 말해 우리가 그분께 맡겨 드린 일을 하나님이 진행 또는 해결하고 계신다는 것이다. 우리가 지속적으로 신뢰하는 태도를 취하면, 하나님이 우리 삶에 개입하셔서 문제를 해결하시도록 길을 열어 놓게 된다는 말이다. 그러나 우리가 신뢰를 저버리면, 그 길을 차단하여 하나님이 우리를 위해 시작하신 일을 완수하지 못하게 방해하게 된다.

어떤 문제를 주님께 맡겨 드리는 것은 돈을 은행 계좌에 입금하는 것과 같다. 입금 내역이 통장에 찍히면, 더 이상 돈의 안전을 염려할 필요가 없다. 이제는 우리가 아니라 은행이 그 돈을 책임지게 된다. 이상한 일이지만, 사람들은 자기가 예치한 돈을 관리해 주는 은행은 쉽게 신뢰한다. 하지만 중대한 개인의 문제들에 대해서는 하나님을 신뢰하기 어려워하는 경향이 있다.

이것은 맡겨 드리는 데 있어서 한 가지 중요한 요소를 보여 준다. 은행에서 나올 때, 우리 통장에는 입금 날짜와 장소와 금액이 찍혀 있다. 불확실한 것은 아무것도 없다. 우리가 하나님께 맡겨 드리는 일들에 대해서도 이와 마찬가지여야 한다. 하나님께 무엇을, 언제, 어디에서 맡겨 드렸는지 알아야 한다. 또한 하나님이 그것을 받으셨음을 확인해 주는 성령님의 공식적인 "수령증"도 필요하다(롬 15:13).

신뢰는 훈련하고 발전시켜야 한다

신뢰는 성령의 모든 열매와 마찬가지로, 잘 키우고 가꾸어야 한다. 또한 온전히 성숙될 때까지 다양한 성장과 발달의 단계를 거치게 된다. 다윗의 시편 62편에는 신뢰가 성장하고 발전하는 과정이 나타나 있다. 그는 2절에서 다음과 같이 말한다. "오직 그만이 나의 반석이시요 나의 구원이시요 나의 요새이시니 내가 크게 흔들리지 아니하리로다." 그런데 6절에서는 동일하게 하나님에 대한 신뢰를 선포한 뒤에 이렇게 말한다. "내가 흔들리지 아니하리로다." 다윗은 2절에서 6절 사이에 "크게 흔들리지 않음"에서 조금도 "흔들리지 않음"으로 발전했다.

우리도 다윗처럼 스스로에 대하여 솔직할 필요가 있다. 우리의 신뢰가 성숙되기 전에는 "나는 크게 흔들리지 않을 것이다"가 할 수 있는 최선의 말이다. 이 단계에서는 근심이나 적대와 방해가 우리를 흔들겠지만, 무너뜨리지는 못할 것이다. 하지만 우리가 지속적으로 신뢰를 훈련하고 발전시키면, "내가 결코 흔들리지 않을 것이다"라고 말할 수 있는 단계에 이르게 된다. 그 무엇도 더 이상 우리를 흔들거나 무너뜨릴 수 없다.

이러한 신뢰는 우리의 감정이 아니라 영의 영역에 속한 것이다. 다시 한번 다윗의 개인적인 고백을 살펴보자. 시편 56편 3절에서 그는 주님께 이렇게 고백한다. "내가 무서워할 때에 주를 신뢰하리이다"(한글킹제임스). 여기서 다윗은 자기 안에서 두 가지 세력이 대립하고 있음을 인식하고 있다. 그것은 바로 신뢰(의지함)와 두려움이다. 감정인 두려움은 겉으로 드러나지만, 영적인 신뢰는 내면 깊은 곳에 감춰져 있다.

성숙한 신뢰는 바다를 향해 거침없이 나아가는 깊고 세찬 강물과 같다. 때로는 두려움과 의심의 바람이 강물의 흐름을 거스르며 수면에 물결을 일으키는 경우도 있다. 그러나 이러한 바람이나 물결은 수면 아래 깊은 물, 그 끊임없는 흐름을 바꾸거나 가로막을 수 없다. 강물은 강줄기를 따라 예정된 목적지인 바다까지 나아가게 된다.

바울은 디모데후서 1장 12절에서 완전히 성숙된 신뢰를 다음과 같이 아름답게 묘사하였다.

> 이로 말미암아 내가 또 이 고난을 받되 부끄러워하지 아니함은 내가 믿

는 자를 내가 알고 또한 내가 의탁한 것을 그날까지 그가 능히 지키실 줄을 확신함이라

세상적인 기준으로 당시의 바울은 실패자처럼 보였다. 영향력 있는 친구들과 후원자들 중에는 그를 버리고 돌아선 이들도 있었다. 가까운 동역자 중에서는 오직 누가만 곁에 남아 있었고, 데마는 바울을 버리고 세상으로 돌아가 버렸다. 바울은 연로하고 약한 몸으로 로마 감옥에 수감되어 잔인하고 부패한 폭군의 손에 불의한 재판과 처형을 받을 날을 기다리고 있었다. 그럼에도 그의 말에는 평온함과 흔들리지 않는 확신이 배어 있다. "내가… 부끄러워하지 아니함은… 내가 믿는 자를 내가 알고… 확신함이라." 그는 시공간을 초월하여 밝히 드러날 "그날", 또 다른 의로우신 재판장이 "의의 면류관"을 씌워 주실 그날을 고대하고 있다(딤후 4:8).

다윗과 마찬가지로 바울에게도 신뢰는 맡겨 드린 행위의 결과였다. 바울은 이것을 다음과 같이 표현하였다. "내가 의탁한 것을 그날까지 그가 능히 지키실 줄을 확신함이라." "신뢰"는 "의탁(맡겨 드림)"의 결과였다. 바울은 이미 수년 전에 그리스도께 자신을 바쳤다. 그러므로 이후의 시련과 고난 가운데 그의 신뢰는 점점 더 깊어졌고, 이제 로마 감옥에서 완전히 결실하여 주변의 어두운 상황과 대조를 이루며 더욱 찬란한 빛을 발하고 있었다.

"신뢰성"으로서의 믿음

이제 성령의 열매로서 믿음의 두 번째 측면인 '신뢰성, 곧 신뢰할 수 있음'에 대해 살펴보자. 언어학적으로 보면 '신뢰성'은 헬라어 '피스티스'의 본래 의미이다. 아른트(Arndt)와 깅리치(Gingrich)의 신약 헬라어 표준 사전에 따르면, '피스티스'의 첫 번째 구체적인 정의는 "신실함, 신뢰할 수 있음"이다. 구약성경에서는, '믿음'에 해당하는 히브리어 '에무나'(emunah)에 이 의미를 적용하고 있다. 에무나의 일차적 의미는 "신실함"이고, 부차적으로 "믿음"이란 뜻이 있다. 여기에서 파생되어 나온 동사가 "참으로, 진실로, 확실히, 그러하다"를 뜻하는 '아멘'이며, "확고한, 믿을 만한"을 뜻하는 '아만'이 그 어근이다.

신뢰와 신뢰성 모두 하나님의 인격과 성품을 이루는 요소들이다. 믿음을 신뢰로 보는 경우, 하나님의 신뢰성이 그것의 결정적이고 유일한 근거가 된다. 또 믿음을 신뢰성으로 본다면, 성령님은 오직 우리가 신뢰(의탁, 의지)할 때에만 하나님의 신뢰성을 알려 주실 수 있다. 하나님 자신이 믿음의 시작이며 끝이시다. 하나님의 신뢰성이 우리 신뢰의 유일한 기초이자 근거이며, 동시에 하나님을 신뢰할 때 우리 안에서 그분의 신뢰성이 커진다.

성경 전반에서 "신뢰성"만큼 지속적으로 강조하는 하나님의 속성도 없을 것이다. 구약성경에서 이 속성을 위해 구별된 특별한 히브리어가 있는데, 바로 '헤세드'(chesed)이다. 우리말 성경에서는 이것을 "선하심," "친절," "자비", "인애" 등으로 다양하게 번역하였다. 그러나 이들 중 어느 것도 그 의미를 온전히 드러내지 못한다.

하나님의 헤세드, 혹은 신뢰성에는 두 가지 독특한 특성이 있다. 먼저 이것은 하나님이 값없이, 분에 넘치게 베풀어 주시는 은혜를 나타낸다. 받을 만한 자격이 되거나 당당하게 요구할 수 있는 권리를 가진 사람은 아무도 없다. 두 번째로, 헤세드 혹은 신뢰성은 항상 하나님이 자원하여 맺어 주시는 언약에 기초한다. 이 두 가지 특성을 통합하여 다음과 같이 말할 수 있다. '헤세드'는 언약을 성취하시는 하나님의 신뢰성을 말하며, 우리가 받을 만하거나 요구할 수 있는 것이 아니다.

이처럼 우리는 '믿음' 혹은 '신실함'을 뜻하는 히브리어 '에무나', 하나님의 '신뢰성'을 뜻하는 '헤세드', '언약'을 뜻하는 '베리트', 이 세 단어의 개념 사이에 밀접한 관련이 있음을 발견하게 된다. 또 이들은 시편 89편에서 반복적으로 나타나는 주제이기도 하다.

> 나의 신실함(에무나)과 자비(헤세드)가 그와 함께하리니 (24절, 한글킹제임스)

> 그와 더불어 나의 언약(베리트)을 굳게 세우리라(아만 혹은 아멘) (28절, 한글킹제임스)

> 그러나 내가 나의 자애(헤세드)를 그로부터 완전히 거두지는 아니할 것이

요 나의 신실함(에무나)도 약해지지 아니하며 내 언약(베리트)도 깨뜨리지 아니할 것이요 내 입술에서 낸 것도 변경시키지 아니하리라 (33-34절, 한글킹제임스)

34절은 하나님의 신뢰성과 그 입술의 말 사이의 특별한 관계를 분명히 하고 있다. 하나님이 절대로 하지 않으시는 두 가지 일이 있는데, 하나는 그분의 언약을 깨뜨리시는 것이고, 다른 하나는 하신 말씀을 취소하시는 것이다. 성령님이 알려 주신 하나님의 신뢰성은 우리 안에서 동일한 특성을 만들어 내게 된다. 그것은 우리를 변하지 않는 진실성과 정직을 지닌 사람으로 만들어 준다.

다윗은 시편 15편 1절에서 다음의 두 가지 질문을 했다. "여호와여 주의 장막에 머무를 자 누구오며 주의 성산에 사는 자 누구오니이까." 그는 이어지는 절들에서 이 질문에 스스로 답하며 진실한 사람의 열 가지 특징을 언급한다. 4절 하반절에 나타난 아홉 번째 특징은 "그의 마음에 서원한 것은 해로울지라도 변하지 아니한다"는 것이다. 하나님은 믿는 자들이 심지어 스스로를 희생하면서 자기의 헌신과 고백에 진실하기를 바라신다. 세상에서는 "사람은 자기의 말만큼 선하다!"(약속을 지켜야 한다는 의미)라고 한다. 자기의 헌신과 고백을 지키지 않는 그리스도인은 아직도 신뢰성의 열매를 발육시키지 못하고 있는 것이다.

하나님은 우리가 모든 사람들을 대할 때에 이러한 신뢰성을 지니기를 바라신다. 동시에 우리에게는 다른 그리스도인들을 향한 특별한 의무가 있다. 하나님의 헤세드, 곧 신뢰성은 앞서 살펴본 바와 같이 그분의 언약(베리트)에 기초한다. 하나님은 예수 그리스도를 통하여 우리를 그분 자신 및 다른 믿는 자들과의 언약 관계로 이끌어 들이셨다. 이 관계의 뚜렷한 특징은 하나님이 우리에게 보여 주신 신뢰성을 우리도 그분과 다른 그리스도인들에게 증거하게 된다는 것이다.

이미 살펴본 대로 하나님의 언약 가운데 나타난 헤세드(신뢰성)는 그것을 받을 만한 자격도, 요구할 권리도 없는 자에게 베푸시는 은혜에 기초한다. 이 은혜는 또한 다른 그리스도인들과의 언약적 관계에서도 나타나게 되어 있다. 우리는 정의나 법적 형태의 계약으로 스스로를 제한하지 않게 된다. 하나님이 우리와 맺으신 언약에 온전히 헌신하여 서로를 위해 자기 목숨을 내려놓게 된다. "우리가 이로써 사랑을 알고 우리도 형제들을 위하여 목숨을 버리는 것이 마땅하니라"(요일 3:16). 우리는 이처럼 자기 생명을 버림으로 하나님과 그리고 다른 모든 믿는 자들과 더불어 온전한 언약 관계로 들어가게 된다.

성경은 이 시대의 종말을 도덕과 윤리 기준이 붕괴된 무시무시한 모습으로 묘사하고 있다.

> 너는 이것을 알라 말세에 고통하는 때가 이르러 사람들이 자기를 사랑

하며 돈을 사랑하며 자랑하며 교만하며 비방하며 부모를 거역하며 감사하지 아니하며 거룩하지 아니하며 무정하며 원통함을 풀지 아니하며 모함하며 절제하지 못하며 사나우며 선한 것을 좋아하지 아니하며 배신하며 조급하며 자만하며 쾌락을 사랑하기를 하나님 사랑하는 것보다 더하며 경건의 모양은 있으나 경건의 능력은 부인하니 이 같은 자들에게서 네가 돌아서라 (딤후 3:1-5)

여기에서 "원통함을 풀지 아니하며"에 해당하는 헬라어는 '아스폰도스'(aspondos)로, 세이어의 헬라어 사전(Thayer's lexicon)에서는 이것을 "언약을 맺도록 설득할 수 없는 사람들"로 정의한다. 이 세상은 언약이 요구하는 도덕성이나 윤리성으로부터 점점 멀어지고 있다. 이처럼 세상이 깊은 어둠에 빠져들수록, 오히려 하나님의 백성들은 더욱 친교를 나누며 행하기로 결단해야 한다. 우리는 친교의 기초가 되는 언약적 관계 안으로 들어가서 그것을 유지할 만한 의지와 자격이 있음을 스스로 증명해야 한다.

이것을 위해 이 신뢰성, 곧 믿음의 열매가 온전히 성숙되도록 훈련하고 발전시켜야 한다.

요약

성령의 열매와 성령의 은사 사이에는 두 가지 중요한 차이점이 있다. 먼저 성령의 은사는 단번에 주어지고 받을 수 있지만, 성령의 열매는 지속적으로 시간과 기술과 공을 들이는 과정 가운데 훈련하고 발전시켜야 한다. 둘째, 성령의 은사는 그것을 발휘하는 혹은 나타내는 자들의 성품과 직접적인 관련이 없지만, 성령의 열매는 성품으로 표현된다. 이러한 열매와 은사들이 함께 조화와 균형을 이루며 하나님을 영화롭게 하고 사람을 섬기는 것이 이상적인 모습이다.

성령의 열매로서 믿음은 서로 구별되지만 관련성이 있는 신뢰와 신뢰성으로 이해할 수 있다.

안정성(견고함)은 신뢰의 표현이다. 신뢰가 자라고 성숙할수록 안정성도 커진다. 안정성을 얻으려면, 헌신의 고백이 우선되어야 한다. 의탁하면, 곧 맡겨 드리면 신뢰하게 된다.

우리의 신뢰는 하나님의 신뢰성 혹은 헤세드에 기초한다. 하나님은 그분의 언약을 성취하심으로 자신의 신뢰성을 보여 주시는데, 이것은 우리에게 자격이 있거나 요구할 수 있는 권리가 있어서가 아니다. 결과적으로 하나님의 신뢰성은 우리를 하나님과 그리고 다른 그리스도인들과의 언약 안으로 들어가 그것을 유지하고 지속시킬 수 있는 의지와 능력을 지닌 사람들로 만들어 준다.

Faith

Chapter 5

삶의 기준으로서의 믿음

THE POWER OF FAITH
ENTERING INTO THE FULLNESS OF GOD'S POSSIBILITIES

기원전 6세기경 하나님은 선지자 하박국에게 복음의 기초를 이루게 될 계시를 주셨다.

> 그러나 의인은 자기 믿음으로 말미암아 살리라 (합 2:4, 한글킹제임스)

이 예언의 말씀은 실제로 신약성경에 세 차례 언급되어 있는 기독교의 핵심 메시지를 있는 그대로 정확하게 나타내고 있다(롬 1:17, 갈 3:11, 히 10:38).

유일한 기초: 믿음

신약의 세 구절 가운데 하박국의 예언을 가장 완벽하게 해석한 것은 로마서이다. 사실 이 구절은 로마서 전체의 핵심 주제이다. 로마서 전체를 온전히 살펴보기 위해 이것을 베토벤 같은 위대한 작곡가의 교향곡에 비유할 수 있다. 로마서 1장 1절에서 15절까지는 서론이고, 이어지는 16절과 17절에서 바울은 핵심 주제(메인 테마)를 제시한다. "오직 의인은 믿음으로 말미암아 살리라"(17절).

또한 교향곡은 3개의 주요 악장으로 나눠지는데, 1악장은 1-8장이다. 여기서 바울은 교리적으로 접근한다. 그는 주제를 세밀하고 논리적으로 분석하여 구약성경의 예언 및 방식과 어떻게 조화를 이루는지 보여 준다. 2악장은 9-11장이다. 바울은 이 주제를 이스라엘에 적용시킨다. 그는 믿음보다 행위로 의를 성취하려던 이스라엘이 어떻게 메시아를 알아보지 못했고, 그로 인해 하나님이 그리스도를 통해 베풀어 주신 은혜와 복을 빼앗기게 되었는지 보여 준다. 3악장은 12장부터 16장까지이다. 바울은 이 부분에서 실제적인 것을 강조한다. 그는 이 주제가 여러 가지 행동과 관계들, 그리고 일상의 소임 가운데 어떻게 나타나야 하는지 보여 준다.

교향곡을 제대로 감상하려면, 처음 접할 때 작곡가의 중심 테마(주제)를 가려 낸 다음, 작품이 끝날 때까지 조심스럽게 따라가야 한다. 중심 테마를 기억해 두지 않으면, 이어지는 악장에서 등장하는 다양한 변주와 전개를 온전히 감상할 수 없게 된다. 동일한 원칙이 로마서에도 적용된다. 우선 로마서 전체에 흐르는 핵심 주제를 파악해야 한다. 우리는 그것이 "의인은 믿음으로 말미암아 살리라"(롬 1:17)

는 것을 이미 알고 있다. 그러므로 이제 로마서의 주요 단락들을 살펴볼 때에 이 주제를 계속 기억하면서, 그것이 각 단락의 내용에 어떻게 적용되는지 주목할 필요가 있다. 그러면 일관성과 통일성을 가지고 로마서 전체를 이해할 수 있게 된다.

바울은 로마서 1장 16절에서 하나님의 구원 능력을 경험하기 위해 필요한 기본 요건을 언급한다.

> 내가 복음을 부끄러워하지 아니하노니 이 복음은 모든 믿는 자에게 구원을 주시는 하나님의 능력이 됨이라 먼저는 유대인에게요 그리고 헬라인에게로다

구원은 "모든 믿는 자에게, 먼저는 유대인에게 그리고 헬라인에게" 주어진다. 예외가 없다. 종교적 배경이나 인종은 상관이 없다. 하나님은 모든 인류를 향해 구원을 베푸시며 절대로 바뀌지 않을 단 한 가지 조건을 정해 놓으셨다. 그것은 바로 믿음이다.

바울은 17절에서 이 구원의 진리가 어떻게 나타났는지 설명한다.

> 복음에는 하나님의 의가 나타나서 믿음으로 믿음에 이르게 하나니 기록된 바 오직 의인은 믿음으로 말미암아 살리라 함과 같으니라

이 구절에는 "믿음"이란 말이 세 번 등장한다. 하나님의 계시는

믿음에서 나와 믿음에 이르게 한다. 이 믿음은 하나님 자신의 믿음, 곧 그분의 말씀은 뜻하신 바를 이루게 되어 있다는 믿음에서 비롯된다. 그리고 이것은 메시지를 전한 사람의 믿음을 통해 전달되어 그것을 받아들이는 사람의 믿음이 된다. 시작부터 끝까지 주제는 믿음이다.

이 메시지를 조금 더 면밀히 살펴보자. "의인은 믿음으로 말미암아 살리라"만큼 간결한 표현도 없을 것이다. 여기서 "산다는 것"은 평범한 육신적 삶을 사는 것 이상을 의미하는 것이 분명하다. 악인들이나 하나님을 두려워하지 않는 사람들도 그와 같은 삶을 살아간다. 그러나 성경은 또 다른 종류의 삶, 오직 하나님 안에 있는 삶, 곧 의로운 삶이 있다고 말씀한다. 이와 같은 삶을 받아들일 수 있는 유일한 방법은 예수 그리스도를 믿는 것이다.

사도 요한은 요한복음에서 이 거룩하고 영원한 삶에 지속적으로 초점을 맞춘다. 그는 예수님에 대해 "그 안에 생명이 있었으니"(요 1:4)라고 하면서 요한복음을 시작한다. 또 요한복음 3장 36절에서 세례 요한은 예수님에 대해 다음과 같이 증언한다. "아들을 믿는 자에게는 영생이 있다." 예수님은 요한복음 6장 47절에서 "믿는 자는 영생을 가졌다" 말씀하셨고, 10장 10절에서는 "내가 온 것은 양으로 생명을 얻게 하고 더 풍성히 얻게 하려는 것이라" 하셨다. 또 요한복음 10장 27-28절에서는 이렇게 말씀하신다. "내 양은 내 음성을 들으며 나는 그들을 알며 그들은 나를 따르느니라 내가 그들에게 영생을 주노니 영원히 멸망하지 아니할 것이요 또 그들을 내 손에서 빼앗을 자가 없느니라." 마지막으로 요한은 끝부분에 이 복음서를 기록한 주된 목적을 언급한다. "또 너희로 믿고 그 이름을 힘입어 생명을 얻게 하려 함이니라"(요 20:31).

요한은 요한일서 5장에서 다시 이 주제를 언급한다.

> 또 증거는 이것이니 하나님이 우리에게 영생을 주신 것과 이 생명이 그의 아들 안에 있는 그것이니라 아들이 있는 자에게는 생명이 있고 하나님의 아들이 없는 자에게는 생명이 없느니라 내가 하나님의 아들의 이름을 믿는 너희에게 이것을 쓰는 것은 너희로 하여금 너희에게 영생이 있음을 알게 하려 함이라 (요일 5:11-13)

여기서 요한이 계속해서 현재 시제를 사용하고 있다는 사실이 중요하다. "아들이 있는 자에게는 생명이 있다." "믿는 너희에게 영생이 있다."

바울도 그리스도 안에 있는 이 생명에 대하여 간결하면서도 강렬하게 표현하였다. 빌립보서 1장 21절에서는 "이는 내게 사는 것이 그리스도니"라고 했고, 골로새서 3장 4절에서는 "우리 생명이신 그리스도"라고 했다. 요한과 마찬가지로 바울에게도 그리스도 안에 있는 생명은 미래의 소망에 불과한 것이 아니라 현재의 실재였다.

바로 이것이 복음의 핵심이다. 오직 하나님 안에만 거룩하고 영원한 생명이 있다. 하나님은 이러한 생명을 그리스도 예수 안에서 우리에게 주셨다. 믿음으로 예수님을 마음에 받아들이고 우리의 삶을 온전히 순종하여 그분께 내어 드림으로써, 우리는 그분 안에서 하나님의 생명을 얻게 된다. 이 생명, 곧 영생은 또 다른 세상이나 미래의 어떤 존재를 위해 남겨 둔 것이 아니다. 우리가 지금 이곳에서 경험하고 누릴 수 있는 것이다. "아들이 있는 자는 생명이 있다"(요일 5:12). 지금 이 순간에도 우리에게는 영원한 생명이 있다. 그리고 그것은 영원까지 이어질 것이다. 이 영생은 예수 그리스도를 믿는 바로 그 순간부터 우리의 소유가 되어 누리게 되는 것이다.

이처럼 그리스도를 믿음으로 이러한 새 생명을 받은 우리는 실제 삶 가운데 날마다 그것을 풀어 놓아야 하는 도전에 직면하게 된다. 어떻게 해야 할까? 답은 간단하다. 믿음으로 하면 된다. 이 진리 역시 "의인은 믿음으로 말미암아 살리라"는 주제에 포함되는 내용이다. 실제적인 관점에서 보면, "살다"라는 동사는 우리가 사용할 수 있는 가장 포괄적인 단어 중 하나이다. 어느 때든 우리가 하는 모든 것, 곧 먹고, 마시고, 자고, 일하는 것 외에도 삶의 수많은 활동들이 사는 것에 포함된다. 믿음을 통해 이 모든 평범한 활동들이 우리 안에 있는 하나님의 생명을 나타내는 수단이 될 수 있다.

우리는 일상의 세속적인 활동은 영적으로 중요하지 않으며, 믿음을 적용할 곳이 없다고 생각하는 경우가 많다. 그러나 성경은 사실상 정반대로 가르친다. 믿음을 단순하고 물질적인 삶의 영역에 성공적으로 적용한 후에야, 하나님은 우리를 더 높은 영적 책임의 자리로 들어 올려 주신다는 것이다. 예수님이 친히 누가복음 16장 10-11절에서 이 원리를 확고히 하셨다.

> 지극히 작은 것에 충성된 자는 큰 것에도 충성되고 지극히 작은 것에 불의한 자는 큰 것에도 불의하니라 너희가 만일 불의한 재물에도 충성하지 아니하면 누가 참된 것으로 너희에게 맡기겠느냐

우리의 믿음을 돈이나 재정 같은 "지극히 작은 것"에 적용한 후에야, 하나님은 더 큰 책임과 참된 영적 부를 우리에게 맡겨 주실 수 있다.

그러므로 일상 가운데 우리의 믿음을 어떻게 나타낼 수 있는지 음식과 재정이라는 실제적이고 현실적인 두 영역을 통해 살펴보려 한다. 수년간 개인적으로 관찰해 본 결과, 이 두 영역 가운데 믿음을 적용하는 법을 배운 성도들은 성공적인 그리스도인의 삶을 살아갈 수 있다는 결론을 내렸다. 반면 이러한 기본적인 영역들을 하나님의 통제 하에 두지 못한 사람은 대부분 삶 전체를 바로잡을 필요가 있었다.

믿음으로 먹기

앞서 로마서라는 교향곡의 제3악장이 12장에서 시작되며 믿음의 실제적인 적용에 초점을 맞추고 있다고 언급했다. 그렇다면 3악장은 어떻게 시작되는가? 이 세상에 속하지 않은 동떨어진 내용으로 시작하는가? 그렇지 않다! 오히려 처음부터 우리의 몸으로 시작한다.

> 그러므로 형제들아 내가 하나님의 모든 자비하심으로 너희를 권하노니 너희 몸을 하나님이 기뻐하시는 거룩한 산 제물로 드리라 이는 너희가 드릴 영적 예배니라 (롬 12:1)

바울은 우리의 "영적 예배"는 몸을 하나님께 드리는 것이라고 말한다. 다시 말해 "영적인" 것은 대단히 현실적이고 실제적인 것이라는 말이다. 그것은 우리 몸으로 무엇을 어떻게 하는지로 시작된다.

바울은 바로 이 지점에서 출발하여 그리스도인의 삶과 관련된 여러 가지 실제적인 문제를 다룬다. 14장에서는 음식 문제를 다루면서(우리 몸에 이것만큼 중요한 문제는 없다!), 믿는 자의 두 가지 유형에 대해 기록한다. "어떤 사람은 모든 것을 먹을 만한 믿음이 있고 믿음이 연약한 자는 채소만 먹느니라"(롬 14:2). 바울은 채소만 먹는 것이

옳고 고기를 먹는 것은 잘못이라거나 아니면 그 반대를 주장하면서 이 문제를 결론짓지 않는다. 오히려 그는 무엇이든 우리가 믿음으로 하는 것은 옳고, 믿음으로 하지 않는 것은 잘못이라고 말한다. 바울은 14장을 다음과 같이 결론지으며 마무리한다. "의심하고 먹는 자는 정죄되었나니 이는 믿음을 따라 하지 아니하였기 때문이라 믿음을 따라 하지 아니하는 것은 다 죄니라"(롬 14:23).

바울은 14장을 이렇게 마무리하면서 단순히 고기나 채소를 먹는 문제를 넘어 로마서의 주제를 이루는 원칙을 다시 한번 확인한다. 그는 로마서 1장 17절에서는 긍정적인 표현을 사용하여 "의인은 믿음으로 말미암아 살리라" 하였다. 그러나 여기 14장 23절에서는 동일한 원리를 부정적 표현으로 "의심하고 먹는 자는 정죄되었나니"라고 언급한다. 긍정적이든 부정적이든 결론은 동일하다. 믿음이 의로운 삶의 유일한 기초라는 것이다.

이제 먹는 것에 우리의 믿음을 적용해 보자. 우리는 "믿음으로 먹게" 되어 있다. 조금 이상한 표현이다. 이것을 어떻게 실제적으로 적용할 수 있을까?

여러 가지가 있다. 먼저 우리가 하나님 덕분에 먹을 것을 얻는다는 사실을 인정해야 한다. 음식을 하나님의 선물로 받아들이는 것이다. 하나님의 공급이 없다면, 우리는 굶주리게 될 것이다.

두 번째, 그러므로 우리는 음식을 주신 하나님께 감사드리게 된다. 음식에 대하여 감사하면 결국 세 번째 결론에 이르게 된다. 바울은 디모데전서 4장 4-5절에서 이것을 다음과 같이 설명했다.

> 하나님께서 지으신 모든 것이 선하매 감사함으로 받으면 버릴 것이 없나니 하나님의 말씀과 기도로 거룩하여짐이라

감사 기도로 하나님이 주신 음식을 받아들이면, 그것이 거룩해진다. 실제로 거룩해져서 하나님이 의도하신 대로 우리에게 유익한 것이 된다는 것이다. 음식에 불순물이나 해로운 것이 들어 있어도, 감사의 기도로 표현된 우리의 믿음이 그 영향력을 파기해 버린다는 말이다.

네 번째, "믿음으로 먹는 것"에는 식사 이상의 의미가 있다. 우리가 먹는 음식은 육신적인 힘의 근원이며, 하나님은 그 음식의 근원이 되신다. 그러므로 우리의 힘 자체가 하나님이 주신 선물이다. 우리는 그것을 이기적인 용도로 또는 악하게 사용해서는 안 된다. 오직 하나님을 섬기는 일과 그분의 영광을 위하여 사용해야 한다.

믿음의 원리를 우리가 먹는 것에 적용하면, 삶의 모든 영역이 새로운 의미를 얻게 된다. 우리는 바울이 고린도 성도들에게 어째서 다음과 같이 권면했는지 이해할 수 있게 된다. "그런즉 너희가 먹든지 마시든지 무엇을 하든지 다 하나님의 영광을 위하여 하라"(고전 10:31). 우리가 먹는 매일의 음식은 믿음을 통해 하나님의 영광에 참여하는 성례의 성격을 띠게 된다. 이것은 오순절에 성령의 부어짐으

로 초대교회 그리스도인들의 삶에 나타난 가장 즉각적이고 확실한 영향력, 결과 중의 하나였다. 그들의 식사는 예배와 찬양의 영적인 잔치가 되었다. 누가는 사도행전 2장 46-47절에 다음과 같이 기록하였다.

> 날마다 마음을 같이하여 성전에 모이기를 힘쓰고 집에서 떡을 떼며 기쁨과 순전한 마음으로 음식을 먹고 하나님을 찬미하며 또 온 백성에게 칭송을 받으니 주께서 구원받는 사람을 날마다 더하게 하시니라

초대교회 그리스도인들이 식사하는 방식은 믿지 않는 이웃들의 호의를 얻어 그들의 영혼을 주님께 이끌어 올 정도로 무언가 다른 것이 있었다. 오늘날의 우리도 이러한 먹는 영역에 믿음을 적용하여 동일한 결과를 얻을 수 있다.

만일 "믿음으로 먹는 것"에 이토록 큰 영향력이 있다면, 그렇게 하지 않는 경우에는 어떠할까? 우리는 믿음으로 먹지 않는 사람의 생생한 모습을 전도서에서 찾아볼 수 있다. 솔로몬은 전도서 전반에 걸쳐 성경 다른 곳에서 "자연인"이라 칭하는 존재, 즉 불신 가운데 하나님을 아는 지식과 은혜 없이 살아가는 사람의 모습이 어떠한지를 설명했다. 전도서 5장 17절은 이러한 사람의 식탁을 다음과 같이 묘사한다. "일평생을 어두운 데에서 먹으며 많은 근심과 질병과 분노가 그에게 있느니라."

너무나도 충격적인 표현 아닌가! 그는 "일평생을 어두운 데에서 먹는다." 이것은 "믿음으로 먹는 것"과 정반대되는 모습이다. 이와 같은 사람은 자기가 먹는 음식이 하나님의 선물이라는 것을 인정하지도, 감사드리지도 않는다. 그러므로 그의 음식은 복되지도, 거룩하지도 않다. 그 결과는 무엇인가? "근심과 질병과 분노"이다. 믿음 없이 먹는 것은 근심과 질병과 분노를 끌어들이는 것이다.

우리는 지금까지 평범하고 일상적인 활동 가운데 하나인 먹는 것에 어떻게 믿음의 원리를 적용하는지 살펴보았다. 그 결과 "의인은 믿음으로 말미암아 살리라"는 로마서 1장 17절의 의미를 조금 더 온전히 이해할 수 있게 되었다. 믿음은 신성하고 거룩한 삶의 통로이다. 믿음을 발휘할수록 우리는 삶을 더 누릴 수 있게 된다. 믿음을 적용하는 모든 활동에 하나님의 생명이 스며들게 된다. 그것은 더 이상 단조롭고 평범한 일이 아니다. 새롭고 신나고 즐거운 경배와 찬양의 기회가 된다!

재정을 위한 믿음

매일의 삶 가운데 믿음의 원리를 적용해야 할 또 다른 영역은 재정과 물질적인 공급이다. 우리는 아무런 공급처도 찾아볼 수 없는 상황 가운데 자기 백성의 필요를 공급해 주시는 하나님의 능력을 성경 곳곳에서 찾아볼 수 있다. 고린도후서 9장 8절만큼 이것을 특별히 강조하는 곳도 없을 것이다. "하나님이 능히 모든 은혜를 너희에게 넘치게 하시나니 이는 너희로 모든 일에 항상 모든 것이 넉넉하여 모든 착한 일을 넘치게 하게 하려 하심이라."

이것은 면밀히 살펴볼 만한 가치가 있는 구절이다. 헬라어 원문을 살펴보면, "넘치게"에 해당하는 말은 두 번, "모든"에 해당하는 말은 다섯 번 나타난다. 자기 백성의 모든 영역의 필요들을 공급해 주시는 하나님의 능력을 이만큼 강력하게 표현한 구절은 찾아보기 어려울 것이다. 하나님의 공급은 단순히 필요를 채우는 수준이 아니다. 넉넉하여 흘러넘칠 정도이다.

사실 사람들이 먹고 사는 수준에는 부족함, 충분함, 풍부함의 세 단계가 있다. 식료품을 구입하는 것을 예로 들어 이 세 단계를 설명해 보겠다. 15달러어치의 식료품이 필요한데 지갑에 10달러밖에 없다면 부족한 것이고, 꼭 맞게 15달러가 들어 있다면 충분한 것이다. 그러나 지갑에 20달러가 있다면, 풍부한 것이다.

우리는 간단하게 돈을 가지고 식료품을 사는 것을 예로 들어 보았다. 그러나 풍부함이 반드시 돈이나 물질적 소유로 결정된다고 여기면 안 된다. 풍부함이란 단순히 우리가 필요로 하는 모든 것을 하나님이 공급해 주시되, 다른 이들에게 나눠줄 수 있을 정도로 채워 주신다는 뜻이다. 예수님이 친히 이와 같은 풍부함의 예를 완벽하게 보여 주셨다. 제자 중 하나인 유다에게 기부금을 모아 둔 돈주머니가 있기는 했지만(요 12:6, 13:29), 예수님께서는 그 외 정해진 거처나 물질적 소유가 없었다. 그런데도 예수님은 물론 그분과 함께 있는 이들에게도 부족한 것이 전혀 없었다.

갑작스럽게 성전세를 내라는 통보를 받은 베드로에게 예수님은 돈주머니를 가지고 있는 유다에게 가서 돈을 받으라고 말씀하시지 않았다. 오히려 갈릴리 바다로 보내어 물고기 입에 든 돈을 가져오게 하셨다(마 17:24-27). 여기서 재미있는 질문을 던지게 된다. 은행에 가서 수표를 현금으로 바꿔오는 것이 쉬운가 아니면 바다에 가서 낚시를 던지는 것이 더 쉬운가? 분명 후자가 훨씬 신나고 즐거운 일일 것이다!

또 다른 경우에는 만 이천 명 정도의 굶주린 무리가 예수님을 에워싸고 있었다(요 6:5-13). 성경은 그곳에 약 오천 명의 사람들이 있었다고 기록하지만, 이것은 여자와 아이들이 포함되지 않은 숫자이다(마 14:21). 예수님은 한 소년이 가져온 물고기 두 마리와 보리 떡 다섯 개를 받으시고 아버지 하나님께 감사드리셨다. 결과적으로 그분은 모든 무리를 다 먹이시고도, 남은 것을 열두 바구니나 거두셨다. 이것이 바로 풍부함이다! 이것은 또한 우리가 음식에 대하여 하나님께 감사드리는 것(또는 믿음을 적용하는 것)의 초자연적인 영향력을 분명하게 보여 준다.

나중에 예수님은 제자들을 보내어 복음을 전하게 하시면서, 여분의 물품을 가져가지 말라고 말씀하셨다(눅 9:1-3, 10:1-4). 지상 사역이 끝나갈 즈음에 그분은 제자들에게 이 일을 상기시키시며 부족함이 있었는지 질문하셨고, 그들은 "없었나이다"라고 대답했다(눅 22:35). 바로 이것이 풍부함이다! 나는 두 나라에서 여러 차례 선교사로 섬긴 적이 있다. 그래서 집과 자동차와 급여를 제공받더라도 여전히 부족한 것들이 많다는 사실을 안다. 하지만 풍부함, 곧 풍요를 얻는 비결은 돈이나 물질적 소유가 아니다. 바로 믿음이다!

이러한 예수님의 삶의 모습들을 대면하면, 먼저 "하지만 그분은 예수님이시다! 우리가 예수님과 같아지기를 기대할 수는 없지!"라고 말하고 싶은 유혹을 받을 수도 있다. 하지만 예수님은 요한복음 14장 12절에서 다음과 같이 말씀하셨다. "내가 진실로 진실로 너희에게 이르노니 나를 믿는 자는 내가 하는 일을 그도 할 것이요 또한 그보다 큰 일도 하리니 이는 내가 아버지께로 감이라." 마찬가지로 예수님이 행하신 모든 일을 목격한 사도 요한도 다음과 같이 선언했다. "그의 안에 산다고 하는 자는 그가 행하시는 대로 자기도 행할지니라"(요일 2:6). 예수님은 믿음으로 행함의 본을 보이셨고, 우리는 그것을 따르도록 초청받았다.

아직도 이러한 도전을 받아들이기가 망설여진다면, 하나님의 은혜의 풍성함을 이해하지 못하기 때문일 수도 있다. 고린도후서 9장 8절은 다음과 같다. "하나님이 능히 모든 은혜를 너희에게 넘치게 하시나니." 여기서 가장 중요한 단어는 "은혜"이다. 우리는 자기 지혜와 능력으로 공급을 받는 것이 아니다. 하나님의 은혜로 공급을 받는 것이다. 그분의 은혜를 받으려면, 이 은혜의 활동을 통제하는 두 가지 핵심 원리를 이해해야 한다.

첫 번째 원리는 요한복음 1장 17절에 언급되어 있다. "율법은 모세로 말미암아 주어진 것이요 은혜와 진리는 예수 그리스도로 말미암아 온 것이라." 은혜는 오직 한 길, 예수 그리스도를 통해서 온다. 어떤 법체계나 종교적인 행동 강령을 준수함으로 얻는 것이 아니다. 오직 그리스도를 통해서만 임한다.

두 번째 원리는 에베소서 2장 8-9절에 언급되어 있다. "너희는 그 은혜에 의하여 믿음으로 말미암아 구원을 받았으니… 행위에서 난 것이 아니니 이는 누구든지 자랑하지 못하게 함이라." 은혜는 단순히 우리의 능력으로 성취하거나 획득할 수 있는 것이 아니다. 그것을 받아 누릴 수 있는 유일한 수단은 바로 믿음이다. 단순히 우리의 자격이나 우리가 노력하여 얻을 수 있는 것에 스스로를 제한하고 있다면, 믿음을 사용하지 않고 있는 것이며, 하나님의 은혜를 온전히 누리지 못하는 것이다.

그렇다면 이 원리들은 우리의 재정 분야에 어떻게 적용되는 걸까? 먼저, 하나님께서 절대로 부정직함, 게으름, 또는 재정적 무책임을 축복하시지 않는다는 사실을 강조해야겠다. 잠언 10장 4절은 다음과 같다. "손을 게으르게 놀리는 자는 가난하게 되고 손이 부지런한 자는 부하게 되느니라." 바울은 또한 에베소서 4장 28절에서 다음과 같이 말했다.

도둑질하는 자는 다시 도둑질하지 말고 돌이켜 가난한 자에게 구제할 수 있도록 자기 손으로 수고하여 선한 일을 하라

하나님은 우리가 능력에 따라 정직하게 일하되, 자기 자신은 물론 어려움에 처한 사람들에게 나눠줄 것이 있을 만큼의 수입이 있기를 바라신다. 바울은 데살로니가후서 3장 10절에서 훨씬 더 단호한 어조로 말한다. "누구든지 일하기 싫어하거든 먹지도 말게 하라." 하나님의 은혜의 공급은 정직하지 않은 사람이나 게으른 자들에게는 주어지지 않는다.

하지만 우리 자신과 우리를 의지하는 이들을 부양하기 위해 정직하고 양심적으로 할 수 있는 모든 일을 다했음에도, 간신히 필요를 채우거나 심지어 부족한 경우도 있을 것이다. 감사하게도 우리는 그런 상태를 하나님의 뜻으로 받아들일 필요가 없다. 예수 그리스도를 통해 믿음으로 하나님을 바라보면서, 그분이 (친히 택하신 방법 혹은 형태로) 우리의 지혜나 능력으로 성취할 수 있는 것보다 더 높은 차원의 공급과 예비하심으로 우리를 끌어 올려 주실 것을 신뢰할 수 있다.

하나님의 공급은 공동체적이다

'공급'이라는 주제를 뒤로 하기 전에, 우리가 인식해야 할 중요

한 원리가 하나 더 있다. 그것은 자기 백성을 향한 하나님의 공급이 공동체적이라는 것이다. 그분은 우리를 독립적인 개인이 아니라, 상호 헌신이라는 강력한 유대관계로 결속된 한몸의 지체로 보신다. 바울은 에베소서 4장 15-16절에서 그리스도께서 이 몸의 머리 되심을 언급한 후, 하나님께서 이 몸을 어떻게 기능하도록 계획하셨는지 설명한다.

> 그에게서 온몸이 각 마디를 통하여 도움을 받음으로 연결되고 결합되어 각 지체의 분량대로 역사하여 그 몸을 자라게 하며 사랑 안에서 스스로 세우느니라 (엡 4:16)

바울은 여기에서 '마디'의 중요성을 강조한다. 이 마디는 두 가지 역할을 하는데, 하나는 몸을 연결하는 것이고, 다른 하나는 공급의 통로가 된다는 것이다.

마디는 여러 지체들 간의 관계를 나타낸다. 이 마디의 상태가 좋으면, 하나님의 공급이 몸의 각 부분에 잘 전달되어 어떤 지체도 부족함을 겪지 않는다. 그러나 마디가 제대로 기능하지 못하면, 즉 지체들이 바르게 연결되어 있지 않으면, 그리스도의 몸 가운데 결핍과 부족을 경험하는 부분이 생기게 된다. 이런 일이 일어나는 것은 하나님의 공급이 충분하지 않아서가 아니다. 그것이 우리의 그릇된 태도와 관계 때문에 필요한 곳에 잘 전달되지 못하는 것이다.

하나님은 이스라엘을 애굽에서 이끌어 내실 때, 이 원리를 대단히 실제적인 방법으로 가르치셨다. 2-3백만 명의 사람들이 정기적인 식량 공급도 없이 척박한 광야에 있었다. 이들의 필요를 충족시키기 위해 하나님은 밤마다 만나를 내려 주셨다. 백성들은 다음 날 아침에 나가서 햇빛에 녹아 없어지기 전에 만나를 거두어야 했다. 각 사람에게 필요한 양은 약 2.2리터에 해당하는 한 오멜이었다. 그래서 그렇게 하였더니, 한 오멜 이상을 거두는 사람도 있었고 그보다 적게 거두는 사람도 있었다. 이에 그들은 서로가 나누어 가졌고, 각자가 꼭 필요한 만큼인 한 오멜씩 갖게 되었다(출 16:14-18). 그러나 이스라엘 백성들이 이런 식으로 나누려 하지 않았다면, 충분하지 않은 사람도 있었을 것이다. 하나님은 각 사람이 필요한 만큼만 거두게 하실 수도 있었지만, 그렇게 하지 않으셨다. 그분의 백성들에게 서로를 책임지는 것을 가르쳐 주고 싶으셨던 것이다.

이러한 원리는 신약성경에도 나타난다. 바울은 고린도후서 8장에 유대의 가난한 성도들을 돕기 위하여 마게도냐와 아가야의 교회들에서 특별 헌금을 모으고 있는 일에 대하여 기록했다. 그는 고린도 교인들에게 이렇게 하는 것이 어떤 사람의 것을 빼앗거나 다른 사람들에게 지나치게 부담을 지우지 않고 그리스도의 몸의 여러 지체들에게 공평하게 공급하는 하나님의 방법이라고 설명했다. 바울은 이 원리를 강조하기 위해 이스라엘 백성들이 광야에서 만나를 나눈 것을 예로 들었다.

> 이는 다른 사람들은 평안하게 하고 너희는 곤고하게 하려는 것이 아니요 균등하게 하려 함이니 이제 너희의 넉넉한 것으로 그들의 부족한 것을 보충함은 후에 그들의 넉넉한 것으로 너희의 부족한 것을 보충하여 균등하게 하려 함이라 기록된 것같이 많이 거둔 자도 남지 아니하였고 적게 거둔 자도 모자라지 아니하였느니라 (고후 8:13-15)

바울은 여기에서 다음의 출애굽기 본문을 직접 인용하고 있다.

> 오멜로 되어 본즉 많이 거둔 자도 남음이 없고 적게 거둔 자도 부족함이 없이 각 사람은 먹을 만큼만 거두었더라 (출 16:18)

그리스도인들은 나누어야 한다. 성령의 부어짐을 경험한 초대교회 성도들이 예루살렘에서 실천한 것이 바로 나눔이었다. 누가는 이것을 다음과 같이 기록한다.

> 믿는 무리가 한마음과 한뜻이 되어 모든 물건을 서로 통용하고 자기 재물을 조금이라도 자기 것이라 하는 이가 하나도 없더라 사도들이 큰 권능으로 주 예수의 부활을 증언하니 무리가 큰 은혜를 받아 그중에 가난한 사람이 없으니 이는 밭과 집 있는 자는 팔아 그 판 것의 값을 가져다가 사도들의 발 앞에 두매 그들이 각 사람의 필요를 따라 나누어 줌이라 (행 4:32-35)

여기서 세 가지가 함께 나타난다. 첫째 "사도들이 주 예수의 부활을 증언하였고", 둘째 "무리가 큰 은혜를 받았으며", 마지막으로 "그중에 가난한 사람이 없었다"는 것이다. 사도들의 증언은 믿는 자들에게 가시적으로 임한 하나님의 은혜로 힘(권능)을 얻었다. 그리고 그 실제적인 결과로 그들의 모든 필요가 충족되었다. 이렇게 하여 하나님의 백성들, 곧 그리스도의 몸 전체가 삶의 모든 영역 가운데 하나님의 은혜가 온전히 채워지는 것에 대하여 하나의 일관된 증거가 되었다.

오늘날의 세상에도 동일한 증거가 필요하다. 그리스도를 믿는 믿음으로 하나님과 연결되어 있는 그리스도인들, 상호 헌신과 약속으로 서로가 긴밀하게 연결되어 있는 그리스도인들, 그리하여 모든 필요가 충족되는 그리스도인들을 사람들에게 보여 줄 필요가 있다.

믿음을 대신할 수 있는 것은 없다

하나님과 우리의 관계에는 두 가지 측면이 있는데, 성경은 이 두 가지를 똑같이 강조한다. 하나는 이미 살펴본 바와 같이 긍정적인 측면으로 하나님이 믿음에 근거하여 우리에게 풍성한 은혜를 베푸셨다는 것이다. 나머지 부정적인 측면은 그 외에는 다른 어떤 근거로도 그분께 다가갈 수 없게 만드셨다는 것이다. 히브리서 11장 6절은 이것을 강한 어조로 언급한다.

> 믿음이 없이는 하나님을 기쁘시게 하지 못하나니 하나님께 나아가는 자는 반드시 그가 계신 것과 또한 그가 자기를 찾는 자들에게 상 주시는 이심을 믿어야 할지니라

하나님을 기쁘게 해 드리려면 어떻게 해야 하느냐는 질문에, 본문의 말씀을 떠올리는 사람은 많지 않을 것이다. 사람들은 보통 믿음보다는 도덕성, 선행, 교회에 잘 다니는 것, 자선(베풂), 기도 또는 그 외의 종교적인 행위 등을 근거로 하나님을 기쁘게 해 드리려 한다. 그러나 하나님은 믿음이 없으면, 이들 중 어느 것도 받지 않으신다. 그 외에 다른 무엇을 하든, 얼마나 진실하고 열정적인지 또는 우리의 동기가 얼마나 선한지는 상관이 없다. 믿음을 대신할 수 있는 것은 없다. 믿음이 없이는 하나님을 기쁘시게 할 수 없다. 그것은 불가능한 일이다!

그리하여 우리는 하나님이 요구하시는 변하지 않는 단 하나의 조건과 마주하게 된다. 그것은 "하나님께 나아가는 자는 반드시… 믿어야 한다"는 것이다. 우리가 믿어야 하는 것은 두 가지이다. 첫째는 하나님이 존재하신다는 것이다. 대부분의 사람들이 하나님이 계

신다는 것을 믿는다. 하지만 그것만으로는 충분하지 않다. 우리는 또한 하나님께서 "자기를 찾는 자들에게 상 주시는 이심"을 믿어야 한다. 하나님이 계신다는 것은 사실일 뿐만 아니라 그분의 성품이다. 우리는 하나님의 근본적인 선하심, 즉 그분의 신실하심과 의지할 만함, 곧 신뢰성을 믿어야 한다. 이렇게 하나님을 믿는 것은 단순한 교리나 신학 이상을 받아들이는 것이다. 이것은 하나님과 믿는 자 사이에 직접적이고 인격적인 관계를 확고하게 세우는 것이다.

나는 1장에서 믿음은 우리를 두 가지 보이지 않는 실재, 곧 하나님과 그분의 말씀에 연결시켜 준다고 말했다. 믿음의 궁극적인 대상은 바로 하나님이시다. 우리는 하나님의 말씀을 믿는다. 그것은 하나님의 말씀이 그분 자신의 확장이기 때문이다. 우리가 하나님의 말씀을 신뢰하는 것은 인격이신 그분을 확신하기 때문이다. 그러므로 하나님을 믿지 않는다면, 결국 그분의 말씀도 믿지 않게 된다.

단순히 교리나 신학의 형태를 믿는 것은 궁극적인 목적이 아니라는 사실을 깨닫는 것이 가장 중요하다. 이것을 넘어서지 못하는 믿음으로는 결코 하나님이 우리에게 주시는 생명의 충만함과 부요함을 알 수 없다. 하나님의 최종 목적은 우리를 그분과의 직접적이고, 친밀한 관계로 이끌어 들이시는 것이다. 이러한 관계가 확고하게 세워지면, 그것이 우리가 하는 모든 일의 이유와 방향을 결정지을 뿐만 아니라, 모든 것을 참고 견디게 하는 힘이 된다. 생명의 근원이자 마침이 된다. 이런 의미에서 "의인은 믿음으로 말미암아 살리라"는 하박국의 예언은 신조나 신학이 아니라 친밀하고 지속적인, 그리고 모든 것을 포용하는 하나님과의 관계를 나타내는 것으로 해석할 수 있다.

다윗이 시편 23편에서 말한 것이 바로 이런 관계였다. "여호와는 나의 목자시니 내게 부족함이 없으리로다"(1절). 다윗은 신학적인 것을 말하고 있는 것이 아니다. 그는 관계를 묘사하고 있다. 다윗은 목자이신 주님과의 관계에 근거하여 "내게 부족함이 없으리로다"라고 선언했다. 자기 삶의 총체적인 복지와 안녕을 어찌 이토록 놀랍게 표현할 수 있을까! 이것은 모든 필요와 상황에 적용된다. 다윗은 다른 말을 덧붙일 수도 있었다. "나에게는 돈, 음식, 친구들, 건강이 부족하지 않을 것이다"라고 말할 수도 있었다. 그랬다면 그 말의 의미가 약화되었을 것이다. "내게 부족함이 없으리로다"라는 말이면 충분하다. 다른 말은 필요 없었다.

이처럼 가장 심오한 진리를 가장 단순한 언어로 표현하는 성경의 방식에 탄복하게 된다. 시편 23편 1절을 히브리어 원어로 살펴보면, 오직 네 단어뿐이다. 우리말은 여섯 단어로 되어 있다. 그럼에도 이 몇 마디의 말에는 이 땅에서의 삶과 죽음 가운데, 곧 현재와 영원토록 우리의 모든 필요를 돌보시는 관계가 심오하고도 강렬하게 묘사되어 있다.

근본적인 죄: 불신

우리는 의가 항상 그리고 오직 믿음으로 말미암는다는 것을 살펴보았다. 이제 정반대의 상황도 마찬가지라는 사실을 살펴보려 한다. 죄의 궁극적이고 유일한 근원은 바로 불신이다.

예수님은 요한복음 16장 8절에서 성령의 사역은 다음 세 가지에 대하여 세상을 책망하시려는 것이라고 말씀하셨다. "그가 와서 죄에 대하여, 의에 대하여, 심판에 대하여 세상을 책망하시리라." 그리고 이어지는 바로 다음 구절에서 성령님이 책망하시는 구체적인 죄에 대해 규정하신다. "죄에 대하여라 함은 그들이 나를 믿지 아니함이요." 모든 세상이 범하고 있는 가장 큰 죄는 바로 불신이다. 이것이 다른 모든 죄의 기초이며 근간이다.

히브리서 3장은 특별히 불신의 죄를 다룬다. 히브리서 기자는 모세의 인도 하에 애굽에서 나온 모든 세대의 백성들이 불신 때문에 약속의 땅에 들어가지 못했음을 상기시키신다. 그들은 광야에서 멸망했다.

히브리서 기자는 3장 12절에서 이스라엘이 배운 비극적인 교훈을 그리스도인인 우리에게 적용한다. "형제들아 너희는 삼가 혹 너희 중에 누가 믿지 아니하는 악한 마음을 품고 살아 계신 하나님에게서 떨어질까 조심할 것이요." 대부분의 그리스도인들은 불신을 죄송스럽기는 하지만 그리 악하거나 해롭지 않은 것으로 여기는 경향이 있다. 하지만 본문은 믿지 않는 마음을 악한 마음이라고 말한다. 불신은 하나님을 버리고 떠나게 만들기에 악한 것이다. 믿음이 하나님과의 인격적인 관계를 굳게 세우는 것처럼, 불신은 그러한 관계를 파괴한다. 이 둘은 정반대의 결과를 야기한다.

히브리서 기자는 이어지는 13절에서 다음과 같이 말한다. "오직 오늘이라 일컫는 동안에 매일 피차 권면하여 너희 중에 누구든지 죄의 유혹으로 완고하게 되지 않도록 하라." 불신은 하나님을 향한 우리의 마음을 완고하게 만들어 죄와 사탄의 속임수에 노출시킨다. 그러므로 이러한 불신의 위험성을 경고하는 것은 시급하고도 중요한 일이다. 히브리서 기자는 이것을 바로 "오늘"에 적용한다. 불신은 모세의 인도 하에 애굽에서 나온 이스라엘 백성들뿐만 아니라 오늘날의 그리스도인들에게도 영향을 미치고 있다. 불신의 결과는 그들에게나 우리에게나 치명적이다.

히브리서 기자는 마지막으로 이스라엘의 실패와 그 원인에 대해 설명한다.

> 또 하나님이 사십 년 동안 누구에게 노하셨느냐 그들의 시체가 광야에 엎드러진 범죄한 자들에게가 아니냐 또 하나님이 누구에게 맹세하사 그의 안식에 들어오지 못하리라 하셨느냐 곧 순종하지 아니하던 자들에게가 아니냐 이로 보건대 그들이 믿지 아니하므로 능히 들어가지 못한 것이라

그들이 "믿지 아니하므로" 들어가지 못했다는 사실에 주목하라. 이스라엘 백성들은 음행, 우상숭배, 불평, 반역 등의 많은 죄를 저질렀다. 하지만 그들이 가나안 땅에 들어가지 못하게 만든 구체적인 죄는 바로 불신이었다. 불신은 다른 모든 죄의 근원이다. 하나님의 성품이 참된 믿음의 궁극적인 근거가 된다는 사실을 이해하면, 그렇게 될 수밖에 없다는 것을 깨닫게 된다.

만일 우리에게 하나님의 선하심과 지혜와 능력, 이 세 가지 성품에 대한 완전하고 무조건적인 믿음이 있다면, 결코 그분의 말씀에 불순종하지 않게 된다. 모든 상황 가운데 하나님이 선하시다는 것과, 우리에게 가장 좋은 것만 바라시는 분이며, 그리고 무엇이 가장 선하고 좋은 것인지 아는 지혜와 그것을 주실 수 있는 능력을 가지신 분이라는 사실을 믿는다면, 절대로 불순종하려 하지 않을 것이다. 하나님께 대한 불순종의 근원은 모두 불신에서 시작된다.

우리는 하나님을 향해 두 가지 태도를 취할 수 있다. 하나는 우리를 그분과 연합시키는 믿음의 태도이고, 다른 하나는 우리를 하나님과 분리시키는 불신의 태도이다. 이 둘은 서로를 용납하지 않는다. 히브리서 기자는 하박국의 예언을 인용하면서 우리에게 두 가지 선택지를 내민다.

나의 의인은 믿음으로 말미암아 살리라 또한 뒤로 물러가면 내 마음이 그를 기뻐하지 아니하리라 하셨느니라 우리는 뒤로 물러가 멸망할 자가

아니요 오직 영혼을 구원함에 이르는 믿음을 가진 자니라 (히 10:38-39)

우리가 믿음에 근거한 삶을 살아 왔다면, 다시는 그것을 버리고 떠날 수 없게 된다. 불신으로 돌아가면 오직 어둠과 멸망에 이르게 될 뿐이다. 앞으로 나아가려면 시작과 마찬가지로, 믿음 안에 계속 머물러 있어야 한다!

요약

신약성경의 구원과 의의 메시지는 "의인은 믿음으로 말미암아 살리라"는 하박국 2장 4절에 근거한 것이다. 우리는 예수 그리스도를 믿음으로 지금 이 땅에서 신성하고 영원하며 의로운, 새로운 종류의 생명을 하나님으로부터 받게 된다. 그러므로 이제 나아가 삶의 다양한 영역에 우리의 믿음을 적용하면, 하나님께 받은 이 새 생명이 스며들면서 그것들을 변화시킨다.

이 믿음의 원리가 단순하고 실제적인 문제들 가운데 역사하게 해야 한다. 바울은 이것을 로마서 14장에서 먹는 것에 적용했다. 그는 무엇은 먹을 수 있고, 먹을 수 없는 것은 무엇인지 서로 의견이 다른 두 성도들에 대해 논의한다. 결론은 우리가 무엇을 먹는가가 아니라, "믿음으로 먹는지"가 중요하다는 것이다.

"믿음으로 먹는 것"에는 다음과 같은 의미가 있다. 첫째, 우리가 먹는 것을 하나님의 선물로 받아들이는 것이다. 둘째, 먹을 것을 주신 하나님께 감사드리는 것이다. 셋째, 그로 인해 우리의 음식이 거룩해진다는 것이다. 넷째, 음식을 먹고 얻은 힘으로 하나님을 섬기고 그분의 영광을 나타내는 일에 헌신해야 한다는 것이다. 이렇게 하여 믿음은 음식을 먹는 평범한 행위를 거룩한 예식으로 변화시킨다.

우리의 믿음을 적용해야 할 또 다른 실질적인 영역은 재정과 물질적인 공급이다. 우리는 그리스도를 통해 하나님의 은혜를 풍성하게 누릴 수 있게 되었다. 즉, 하나님은 우리의 모든 필요를 채워 주실 뿐만 아니라, 다른 사람을 도와줄 여유가 있게 해 주실 것이라고 약속하신다. 그러나 풍요를 결정짓는 것은 돈이나 물질적 소유가 아니라, 오직 믿음뿐이다. 예수님이 친히 돈이나 소유 없이 풍성해지는 본을 보여 주셨고, 우리는 그분을 따르도록 도전 받고 있다. 동시에 게으름과 정직하지 않음, 무책

임함에 대해서도 강력한 경고를 받는다.

하나님의 모든 백성이 그분의 풍요에 참여하려면, 자신을 구별된 개인이 아니라 한 몸의 지체로 보아야 한다. 하나님은 이스라엘 백성들에게 이 교훈을 광야에서 먹게 하신 만나를 통해 가르쳐 주셨다. 각 사람이 배부르게 먹으려면, 그들 모두가 거둔 것을 나눠야 했다. 그리스도의 몸도 마찬가지이다. 우리의 태도와 관계가 올바르다면, 서로 나누면서 모두가 넉넉하게 된다. 그러나 그릇된 태도와 관계는 그리스도의 몸이 온전히 공급받지 못하도록 차단할 수 있다.

예루살렘의 초대교회 성도들에게 성령이 부어진 후, 그들의 믿음은 우리가 살펴본 음식과 재정이라는 두 영역에 나타났다. 그들의 식사는 찬양과 경배가 함께하는 거룩한 예식이 되었다. 그들은 재정을 서로 나눔으로 "그들 가운데 핍절한 사람이 없었다." 이와 같이 그들의 일상에 나타난 하나님의 은혜는 믿지 않는 이웃을 그리스도께 인도하는 데 도움이 되었다.

하나님은 우리가 그분께 나아갈 수 있는 근거로 믿음 외에는 아무것도 주지 않으셨다. 또한 그분의 존재를 믿는 것만으로는 충분하지 않다. 우리는 하나님의 근본적인 선하심을 믿어야 한다. 이것은 단순한 신학을 넘어 인격이신 하나님과의 직접적이고 친밀한 관계로 들어가게 한다. 그리고 이러한 관계는 그분의 공급과 예비하심 그리고 우리 삶의 총체적인 복지 및 안녕과 관련된 모든 것의 보증이 된다.

죄의 유일하고 궁극적인 근원은 바로 불신이다. 하나님의 선하심과 지혜와 능력에 대한 한결같고 완전한 믿음이 있다면, 우리는 결코 죄를 지으려 하지 않을 것이다. 히브리서 기자는 이스라엘 백성들이 유업의 땅으로 들어가지 못한 것은 바로 불신 때문이라고 강조하면서, 그리스도인인 우리에게도 그와 같이 끔찍한 죄를 저지르지 말라고 경고한다. 결국, 우리가 하나님을 향해 취할 수 있는 태도는 두 가지인데, 그분과 우리를 연합시키는 믿음의 태도와 그분과 우리를 분리시키는 불신의 태도이다.

Faith

Chapter 6

믿음은 어떻게 생기는가

The Power of Faith
Entering into the Fullness of God's Possibilities

앞 장에서 우리는 단호하게 믿음을 요구하시는 하나님 앞에 서야 했다. "의인은 믿음으로 말미암아 살리라"(롬 1:17). "믿음을 따라 하지 아니하는 것은 다 죄니라"(롬 14:23). "믿음이 없이는 하나님을 기쁘시게 하지 못하나니 하나님께 나아가는 자는 반드시… 믿어야 할지니라"(히 11:6). 하나님의 이러한 요구에 비추어 보면, 어째서 성경이 믿음을 귀중한 금에 비유했는지 깨닫게 된다. 그 가치가 독특하여 그것을 대신할 수 있는 것이 없기 때문이다. 믿음이 없이는 하나님께 나아갈 수도, 그분을 기쁘시게 할 수도 없다. 그리하여 그분의 생명을 받을 수도 없다.

그러면 믿음은 어떻게 얻을 수 있을까? 그것은 우리가 어떻게 할 수 없는, 예측 불가능하고 설명하기 힘든 것일까? 아니면 하나님이 믿음을 요구하신다고 말씀하는 바로 그 성경에 그것을 얻을 수 있는 방법도 나타날까?

이번 장에서는 내가 그리스도인의 삶을 살면서 발견한 가장 중요한 교훈 중 하나를 나누려 한다. 나는 이것을 온몸으로 부딪히며 힘겹게 터득했다. 이 값진 진주 하나로 마침내 힘겨운 싸움과 고난의 시기에서 벗어났다. 나는 믿음이 어떻게 임하는지 배웠다.

어두운 골짜기에 비친 빛

2차 세계대전 당시 영국군으로 복무하던 중, 끔찍한 피부 감염으로 이집트에 있는 군 병원에서 12개월 동안 누워 있게 되었다. 달이 갈수록 의사들에게는 이 뜨거운 사막 기후에서 나를 고칠 방법이 없다는 것을 점점 더 확신하게 되었다. 나는 얼마 전에 그리스도인이 되어 성령 세례를 받았기에 하나님과 참된 교제 가운데 있었다. 어쩐지 하나님께 내 문제에 대한 답이 있을 거라는 생각은 들었지만, 그것을 어떻게 찾아야 할지 몰랐다.

나는 반복적으로 중얼거렸다. "나에게 믿음이 있다면, 하나님이 고쳐 주실 거야!" 그러고는 항상 이렇게 덧붙였다. "하지만 내게는 믿음이 없는 걸!" 그렇게 말할 때마다 존 번연이 《천로역정》에서 "절망의 늪"이라고 부른 어둡고 외로운 절망의 골짜기에 빠져 있음을 깨달았다. 그러던 어느 날 한 줄기 밝은 빛이 어둠을 뚫고 들어왔다. 침대 맡에 기대어 앉아 성경을 펼쳤는데, 갑작스럽게 로마서 10

장 17절 말씀이 내 눈을 사로잡았다. "그러므로 믿음은 들음에서 나며 들음은 그리스도의 말씀으로 말미암았느니라." 한 단어가 나의 주의를 끌었다. 그것은 바로 "나며"였다. 나는 한 가지 단순한 사실을 붙잡았다. "믿음은 난다/나온다/생긴다!" 나에게 믿음이 없어도 그것을 가질 수 있다!

그런데 믿음은 어떻게 생기는 걸까? 나는 그 구절을 다시 읽어 보았다. "믿음은 들음에서 나오며 들음은 하나님의 말씀에 의해서니라"(한글킹제임스). 나는 이미 성경을 하나님의 말씀으로 받아들이고 있었기에 믿음의 근원은 바로 내 손안에 있었다. 하지만 "들음"은 무엇을 의미하는 것일까? 성경이 나에게 말씀하시는 것을 어떻게 "들을 수 있을까?"

나는 처음으로 돌아가서 성경을 한 권씩 차례대로 통독하기로 결심했다. 그리고 치유, 건강, 육체적 힘, 장수 같은 주제를 언급하는 구절마다 밑줄을 그으려고 파란색 색연필을 준비했다. 상황이 여의치 않은 경우도 있었지만, 나는 인내하며 견뎠다. 생각보다 파란색 색연필을 사용해야 하는 경우가 많다는 사실이 놀라웠다.

약 두 달 후 잠언을 읽게 되었는데, 4장에 색연필로 밑줄을 그어야 하는 구절이 연속해서 세 구절이나 있었다.

내 아들아 내 말에 주의하며 내가 말하는 것에 네 귀를 기울이라 그것을 네 눈에서 떠나게 하지 말며 네 마음속에 지키라 그것은 얻는 자에게 생명이 되며 그의 온 육체에 건강이 됨이니라 (잠 4:20-22)

이 말씀에 밑줄을 긋는데, 그 뜻이 깨달아지기 시작했다. "내 아들아." 이 구절을 통해 아버지이신 하나님이 자녀인 나에게 직접적으로 말씀하고 계셨다. 그 내용은 매우 개인적인 것이었다. 하나님은 그분의 "말(씀)"과 그분이 "말(씀)하는 것"이 "(나의) 온 육체에 건강"이 된다고 말씀하고 계셨다. 하나님이 어떻게 내 육신의 몸에 이보다 더 많은 것을 약속하실 수 있겠는가? "건강"과 "질병"은 반대말로, 서로를 용납하지 않는다. 만일 "나의 온 육체"가 건강하다면, 어디에도 질병이 들어올 수 없을 것이다.

난외주(난외에 기록하는 주석)에는 "건강"이란 말을 "약"으로 바꿔 번역할 수 있다고 쓰여 있었다. 하나님의 "말(씀)"과 그분이 "말(씀)하는 것"이 정말로 내 몸 전체를 치유하는 "약"이 될 수 있을까? 속으로 깊이 생각한 후, 이것을 시험해 보기로 결심했다. 나는 모든 약을 끊었다. 그리고 하나님의 말씀을 약으로 여기기 시작했다. 나는 의무병이었기 때문에 사람들이 보통 어떻게 약을 먹는지 잘 알고 있었다. "하루 세 번 식후에" 나는 하나님의 말씀을 약으로 섭취하기로 결심했다.

그렇게 결심했을 때, 하나님은 내 마음에 마치 육성으로 듣는 것처럼 선명하게 말씀하셨다. "의사가 약을 주면, 복용 방법은 약병에 쓰여 있다. 잠언서의 이 말씀은 나의 약병이며, 복용 방법도 쓰여 있다. 읽어 보아라."

잠언 4장 20-22절을 주의 깊게 한 번 더 읽는데, 하나님의 "약"을 복용하는 네 가지 "지침"이 있음을 발견하게 되었다.

1. 주의하라 (20절)
하나님의 말씀을 읽을 때 온전히 집중하여 귀 기울여야 한다.

2. 네 귀를 기울이라 (20절)
귀를 기울인다는 것은 겸손하게 배우려는 자세를 가리킨다. 나의 편견이나 선입견을 버리고, 열린 마음으로 하나님이 나에게 말씀하시는 것을 받아들여야 한다.

3. 그것을 네 눈에서 떠나게 하지 말라 (21절)
하나님의 말씀에 시선을 집중해야 한다. 성경에 기초하지 않은 책이나 글 등 말씀과 상충되는 내용에 시선을 빼앗기게 해서는 안 된다.

4. 그것을 네 마음속에 지키라 (21절)
더 이상 말씀이 내 눈앞에 보이지 않더라도, 그것을 계속해서 마음으로 묵상하여 내 삶의 근본이요 중심에 간직해야 한다.

그 후 몇 달 동안 일어난 일을 다 기록하려면, 그 자체로 거의 한 권의 책이 될 것이다. 군은 나를 이집트에서 수단으로 전출시켰다. 수단은 기온이 섭씨 52.8도까지 오르는 아프리카에서 기후가 가장 좋지 않은 곳이다. 뜨거운 열기는 항상 내 피부 상태를 악화시켰다. 주변 모든 환경이 나의 치유를 방해하고 있었다. 주변에 건강하던 사람들도 점점 병들어 갔다. 그러나 나는 하나님의 약속 성취는 외부 환경이 아니라, 오직 그분의 조건을 충족하는지에 달려 있다는 것을 점차 깨닫게 되었다. 그래서 계속 매일 세 번 내 "약"을 복용했다. 식후에 성경을 펼쳐 두고 머리를 숙이며 "주님, 이 말씀이 제 온 육체에 약이 될 것이라고 약속하셨습니다. 지금 이 말씀을 저의 약으로 먹습니다. 예수님의 이름으로 기도합니다" 하고 기도했다.

갑작스럽거나 극적인 변화는 일어나지 않았다. 기적이라고 할 만한 어떤 것도 경험하지 못했다. 그러나 수단에 머문 지 3개월 정도 지났을 때, 내 "약"이 효과가 있었다는 것을 깨달았다. 나는 완전히 나았다. 내 몸 어디에도 질병이 남아 있지 않았다. 나는 실제로 "(나의) 온 육체의 건강"(잠 4:22)을 얻었다.

그것은 "마음먹기에 달린 문제"나 금방 사라질 일시적인 환상 같은 것이 아니었다. 그때로부터 50여 년이 흘렀지만, 나는 지금도 거의 예외 없이 계속 탁월한 건강을 누리고 있다. 돌아보면, 시험의 기간과 최종적인 승리를 통해 오늘도 내 육신의 몸에서 역사하고 있는 초자연적인 생명의 근원과 마주쳤음을 깨닫게 된다.

로고스와 레마

　나를 치유와 건강으로 이끈 단계들을 설명한 것은, 그것이 하나님의 말씀의 본질에 대한 심오하고 영원한 원리들을 보여 주기 때문이다. 신약성경 헬라어 원문에서 보통 "말씀"으로 번역되는 단어는 두 가지이다. 하나는 로고스(logos)이고, 다른 하나는 레마(rhema)이다. 이 두 단어는 종종 호환적으로 사용되는데, 서로 구별되는 고유의 의미가 있다.

　'로고스'라는 말은 선포되거나 기록된 말 이상의 의미를 지니고 있다. 로고스는 생각을 표현하는 역할, 기능을 나타낸다. 권위 있는 사전인 《리델-스코트 헬라어 사전》은 로고스를 "말로 나타내는 생각의 힘, 이성"이라고 정의한다. 이런 의미에서 로고스는 변하지 않는 "하나님의 말씀"이다. 영원 전에 세워졌고 영원토록 계속될 하나님의 말씀이다. 다윗이 시편 119편 89절에서 이야기하는 것이 바로 이 하나님의 로고스이다. "여호와여 주의 말씀은 영원히 하늘에 굳게 섰사오며." 땅에서 일어나는 일은 하늘에 영원히 서 있는 이 말씀에 영향을 미치거나 변화를 가할 수 없다.

　반면, '레마'는 "말하다"를 뜻하는 동사 '레오'(rheo)에서 파생된 말로, 시공간에 존재하는 말, 구체적으로 '발설된 말'을 가리킨다.

　바울은 로마서 10장 17절에서 "믿음은 들음에서 나오며 들음은 하나님의 말씀에 의해서니라"(한글킹제임스)고 하면서 로고스가 아닌 레마를 사용한다. "말씀"과 "들음"을 연결시켜 놓은 것은 레마의 사용과 조화를 이룬다. 논리적으로도, 말씀을 들으려면 그것이 선포되어야 한다.

이집트의 병원 침대에 앉아 성경을 펼쳤을 때, 내 앞에 있는 것은, 물질적인 관점에서 검정색 글자들이 찍혀 있는 하얀 종이 뭉치에 불과했다. 그러나 잠언 4장에서 '하나님의 말씀과 그분이 말씀하시는 것이 내 온 육체의 건강이 된다'는 구절을 접했을 때, 그것은 더 이상 검정색 글자들이 찍혀 있는 하얀 종이 뭉치가 아니었다. 성령께서 그 당시 나의 필요를 채워 줄 말씀을 택하시고 거기에 그분의 생명을 불어넣으셨다. 그 말씀은 내가 "들을" 수 있는 레마, 곧 내 마음에 선포되는 살아 있는 음성이 되었다. 하나님이 친히 내게 말씀하고 계셨다. 그분의 말씀을 들을 때 그것을 통해 나에게 믿음이 임했다.

이것은 바울이 고린도후서 3장 6절에 언급한 내용과 일치한다. "율법 조문은 죽이는 것이요 영은 살리는 것이니라." 성령이 없이는 레마가 있을 수 없다. 나는 성경에 나타난 하나님의 모든 계획과 의도와 목적, 곧 로고스를 접할 수 있다. 그러나 로고스는 너무나도 방대하고 복잡해서 전체를 이해하거나 소화할 수 없다. 레마는 성령께서 로고스의 한 부분을 영원에서 가지고 내려와 시간과 인간의 경험에 연결시키시는 방식이다. 전체 로고스 중 일부가 때가 되어 어느 시점에 나의 특별한 상황에 적용되는 것이다. 레마를 통해 로고스가 내 삶에 적용되면서 특별하고 개인적인 경험이 되는 것이다.

이렇게 하나님과 사람 사이에 교류가 일어나는 가운데 믿음이 임하게 되는데, 주도권은 하나님께 있다. 그러므로 우리는 교만하거나 방자해질 수 없다. 실제로 바울은 로마서 3장 27절에서 다음과 같이 말했다. "그런즉 자랑할 데가 어디냐 있을 수가 없느니라 무슨 법으로냐 행위로냐 아니라 오직 믿음의 법으로니라." 전체 로고스 가운데 어떤 부분이 어느 시점에 우리의 필요를 채워 줄 말씀인지는 하나님이 더 잘 아신다. 그분은 성령을 통해 우리를 가장 적절한 말씀으로 인도하신 다음, 그 말씀에 생명을 불어넣어 살아 있는 목소리인 레마가 되게 하신다. 이때 우리에게 요구되는 반응은 "듣는 것"이다. 우리가 "듣는" 만큼, 믿음을 받게 된다.

듣는 것은 무엇과 관련이 있을까? 우리에게 무엇이 필요한지 가급적 정확하게 아는 것이 중요하다. 이것도 내가 병원 침대에서 얻은 교훈이다. 하나님의 지혜 가운데 내게 임한 잠언 4장 말씀은 나의 육신적 필요를 채워 주었을 뿐만 아니라, 그분의 말씀을 "듣는 것"이 무엇을 의미하는지 상세하고 완벽하게 보여 주었다. 하나님의 "약병"에 표기된 지침은 다음 네 가지였다. 첫째, 주의하라(20절). 둘째, 네 귀를 기울이라(20절). 셋째, 네 눈에서 떠나게 하지 말라(21

절). 넷째, 네 마음속에 지키라(21절). 처음에는 깨닫지 못한 채 이 네 가지 지침을 따르면서 "듣고" 있었다. 하지만 결국 믿음이 임했다.

"듣는 것"은 다음의 네 가지 요소로 구성된다.

1. 하나님이 성령을 통해 우리에게 하시는 말씀에 주의를 기울인다. 의지를 확고히 하여 우리를 산만하게 하는 모든 외적인 요인을 제거해야 한다.
2. 귀를 기울인다. 하나님을 향해 겸손하게 배우는 자세를 취한다. 우리의 편견과 선입관을 버리고 하나님이 말씀하시는 것을 있는 그대로 가장 실제적인 의미로 받아들인다.
3. 하나님이 인도하시는 말씀에 우리의 눈을 고정시킨다. 하나님이 말씀하시는 것과 상충되는 다른 정보로 시선을 돌리지 않는다.
4. 하나님의 말씀이 우리 눈앞에 보이지 않을 때에도 마음속으로 계속 묵상한다. 이렇게 하여 그 말씀을 우리 존재의 중심에 지속적으로 간직하면, 그 영향력이 삶의 모든 영역에 스며들게 된다.

이런 방식으로 우리에게 임하는 레마의 말씀은 구체적이고 개인적인 것이다. 내가 병원에서 경험한 것으로 이것을 설명해 보겠다. 당시 하나님은 구체적인 상황 가운데 나에게 개인적으로 말씀하셨다. 그분은 내가 어떻게 치유 받을 수 있는지 보여 주셨다. 하나님의 말씀을 나의 약으로 취하고, 일반적인 약물 치료는 전부 중단해야 했다. 나는 순종했고, 치유 받았다. 그러나 하나님이 다른 사람에게 또는 내 삶의 또 다른 상황에 이와 동일한 처방을 내리실 거라고 생각한다면 오산이다. 사실 이후에도 치유가 필요한 또 다른 상황들이 있었는데, 항상 동일한 방법으로 나를 인도하지는 않으셨다. 기꺼이 의사의 도움을 받아 치유된 경우도 있었다.

레마는 하나님이 각 개인에게 직접적으로 특정 시간과 장소에 맞게 주시는 것으로, 그분과의 지속적이고 인격적인 관계가 우선되어야 한다. 하나님은 각 사람에게 연속적으로 레마를 주심으로 우리가 부름 받은 믿음의 길로 행하도록 이끌어 주신다. 한 사람이 받은 레마는 다른 사람에게는 맞지 않을 수도 있다. 또 동일한 사람이라도 경험의 단계에 따라 적절하지 않을 수도 있다.

지속적으로 하나님의 레마를 의지하는 삶의 모습은 예수님이 광야에서 사탄의 시험을 받으실 때 답하신 말씀 가운데 분명하게 나타나 있다. "사람이 떡으로만 살 것이 아니요 하나님의 입으로부터 나오는 모든 말씀으로 살 것이라 하였느니라"(마 4:4). 여기서 "나오는"에 해당하는 말은 현재 진행형 시제를 사용하고 있다. 즉, 예수님은 하나님의 입에서 직접 나오고 있는 말씀, "그분의 입의 숨결", 곧 성령의 능력을 입은 말씀을 언급하고 계시는 것이다. 이것이 바로 우리의 "일용할 양식", 항상 새롭게 "나오는" 말씀이다. 날마다 지속적으로 하나님의 레마를 의지하여 살아가면, 의인이 삶의 기준, 원칙으로 삼는 믿음이 우리에게 임한다.

로고스와 레마의 관계를 정리하면 다음과 같다.

레마는 영원한 로고스를 취하여 시간 속에 주입한다.
레마는 천국의 로고스를 취하여 땅으로 가지고 내려온다.
레마는 잠재되어 있는 로고스를 취하여 실제적인 것이 되게 한다.
레마는 개념적인 로고스를 취하여 구체화시킨다.
레마는 전체 로고스 가운데 한 부분을 취하여 사람이 이해하고 흡수할 수 있는 형태로 제공한다.
레마는 예수님이 무리에게 주어 먹게 하신 빵 조각과 같다. 각 사람의 필요와 수용 능력에 맞으며, 다른 사람의 손을 통해 우리에게 주어지는 경우가 많다.

하늘에서 땅으로

이사야 55장 8-13절은 로고스와 레마의 관계를 생생하게 보여준다.

이는 하늘이 땅보다 높음같이 내 길은 너희의 길보다 높으며 내 생각은 너희의 생각보다 높음이니라 이는 비와 눈이 하늘로부터 내려서 그리로 되돌아가지 아니하고 땅을 적셔서 소출이 나게 하며 싹이 나게 하여 파종하는 자에게는 종자를 주며 먹는 자에게는 양식을 줌과 같이 내 입에서 나가는 말도 이와 같이 헛되이 내게로 되돌아오지 아니하고 나의 기뻐하는 뜻을 이루며 내가 보낸 일에 형통함이니라 너희는 기쁨으로 나아가며 평안히 인도함을 받을 것이요 산들과 언덕들이 너희 앞에서 노래를 발하고 들의 모든 나무가 손뼉을 칠 것이며 잣나무는 가시나무를 대신하여 나며 화석류는 찔레를 대신하여 날 것이라 이것이 여호와의 기념이 되며 영영한 표징이 되어 끊어지지 아니하리라

여기에 서로 다른 두 가지 차원이 나타난다. 하나는 하늘의 차원이며, 다른 하나는 땅의 차원이다. 하늘의 차원은 하나님의 로고스, 곧 그분의 길과 생각이며 하늘에 영원히 세워져 있는 그분의 완전한 계획과 의도이다. 땅의 차원은 사람의 길과 생각을 말한다. 이것은 하나님의 길이나 생각에서 멀리 떨어져 있는 훨씬 낮은 차원의 것으로, 사실상 이 둘은 양립할 수 없다. 사람이 하나님의 차원으로 올라갈 수 있는 방법은 없다. 하지만 하나님의 길과 생각을 사람에게 가지고 내려올 수 있는 방법은 있다. 하나님은 그분의 입에서 나오는 말씀이 천국의 생명수를 땅에 내려주는 비나 눈과 같다고 말씀하신다.

이것이 바로 예수님이 마태복음 4장 4절에서 언급하신 "하나님의 입으로부터 나오는 말씀"으로 산다는 것이다. 이 말씀은 하늘의 로고스 중 일부가 레마로 땅에 내려온 것이다. 이 레마는 하나님의 길과 생각 일부를 전달받은 것으로, 우리의 상황에 적용하면 그때

에 필요로 하는 것이 채워진다.

이 레마를 받아들여 순종하면, 우리의 삶 가운데 하나님을 영화롭게 하는 활동과 열매가 나타나게 된다. 우리는 "기쁨으로 나아가며 평안으로 인도함을 받게" 된다(사 55:12). "잣나무가 가시나무를 대신하여 나며, 화석류가 찔레를 대신하여 나게 된다"(13절). "가시나무"와 "찔레"는 우리, 곧 사람의 길과 생각을 상징한다. 우리가 하나님의 입에서 나오는 레마를 받아들이면, 이것들이 하나님의 길과 생각을 상징하는 "잣나무"와 "화석류"로 대치된다.

다윗과 마리아 그리고 우리

레마가 임하여 그 결과를 내는 방법을 조금 더 자세히 보여 주기 위하여 성경의 두 사건을 살펴보려 한다. 하나는 구약성경의 다윗, 다른 하나는 신약성경의 동정녀 마리아와 관련된 이야기이다.

우리는 역대상 17장에서 승리와 번영과 평안 가운데 이스라엘의 왕으로 세워지는 다윗의 모습을 보게 된다. 그는 자신이 거하는 화려한 궁궐과 하나님의 언약궤가 안치되어 있는 초라한 성막을 비교하면서 하나님과 그 언약에 합당한 성전을 짓고 싶어 했다. 다윗의 이러한 소망을 들은 나단 선지자는 처음에는 따뜻하게 격려했다. 그런데 그날 밤 하나님이 나단 선지자에게 나타나셔서 다른 메시지를 다윗에게 전하라고 말씀하신다. 그것은 "너는 내가 거할 집을 건축하지 말라"(4절)는 말로 시작하여 "또 네게 이르노니 여호와가 너를 위하여 한 왕조를 세울지라"(10절)는 말씀으로 끝이 난다.

이것은 하나님의 길과 생각이 사람의 것과 다르다는 것을 보여 준다. 하나님의 집을 짓겠다는 것은 다윗이 품을 수 있는 가장 높은 생각으로, 여전히 땅의 차원에 속한 것이었다. 하나님이 그에게 돌려주신 약속은 다윗이 품을 수 없는 훨씬 높은, 하늘의 차원에 속한 것으로, 그를 위하여 한 집(왕조)을 세워 주시겠다는 것이었다. 뿐만 아니라, 다윗은 물질적인 의미, 곧 거처로서 "집"이라는 말을 사용하였지만, 하나님은 그분의 약속 가운데 훨씬 넓은 의미, 곧 영원한 후예, 영원히 지속될 왕조를 뜻하는 말로 "집"을 사용하셨다.

나단에게 하나님의 직접적이고 개인적인 말씀, 곧 레마를 전달받은 다윗은 "여호와 앞에 들어가 앉았다"(16절). 다윗은 무엇을 하고 있는가? 우선 그는 자신의 계획과 선입관을 내려놓아야 했다. 이것들을 서서히 비워 내면서 하나님의 메시지에 주의를 기울이고 묵상하기 시작하자, 내면 깊은 곳에 그 말씀이 스며들었다. 이러한 내적 평온함 가운데 다윗은 "들을" 수 있게 되었다. 결국 "들음"으로 하나님의 약속을 취하는 데 필요한 믿음이 임했다. 다윗은 하나님 앞에 앉아 이렇게 답한다. "여호와여 이제 주의 종과 그의 집에 대하여 말씀하신 것을 영원히 견고하게 하시며 말씀하신 대로 행하소서"(23절).

"여호와께서 말씀하신 것", 이것이 바로 레마였다. 이것은 다윗의 길과 생각, 곧 땅의 차원에서 시작된 것이 아니었다. 하늘의 차원에서 내려와 하나님의 길과 생각을 다윗에게 전해 준 것이었다. 다윗은 이 레마를 "듣고" 내면에 믿음이 싹트자, 그 약속의 말씀을 사용하여 "말씀하신 대로 행하소서"라고 기도했다. 이 세 마디는 누구나 드릴 수 있는 가장 효과적인 기도이다. 이것은 매우 단순하고 논리적이면서도 강력하다. 진실로 하나님이 우리에게 무언가 말씀하셨다는 것을 확신한다면, 그래서 말씀하신 대로 행해 달라고 구한다면, 어찌 그분이 그 일을 행하실 것을 의심할 수 있겠는가? 또 하늘이나 땅에 있는 어떤 세력이 그것을 막을 수 있겠는가?

이제 다윗으로부터 천 년 뒤에 등장한 겸손한 그의 자손, 나사렛이란 동네에 살던 시골 소녀 마리아에게 넘어가자. 한 천사가 하나님의 보좌로부터 메시지를 가지고 마리아 앞에 나타났다.

> 보라 네가 잉태하여 아들을 낳으리니 그 이름을 예수라 하라 그가 큰 자가 되고 지극히 높으신 이의 아들이라 일컬어질 것이요 주 하나님께서 그 조상 다윗의 왕위를 그에게 주시리니 영원히 야곱의 집을 왕으로 다스리실 것이며 그 나라가 무궁하리라 (눅 1:31-33)

마리아가 어떻게 이런 일이 일어날 수 있는지 묻자, 천사는 성령의 초자연적인 능력으로 그렇게 될 것이라고 설명하면서 "대저 하나님의 모든 말씀은 능하지 못하심이 없느니라"(37절)고 하였다. 여기서 '말씀'에 해당하는 헬라어가 '레마'이다. 그러므로 천사의 이 말을 "하나님으로부터 오는 레마는 능력 없는 것이 없다", 조금 더 의역하면 "하나님으로부터 오는 모든 말씀(레마)은 그것을 스스로 성취할 능력을 갖고 있다"로 이해해도 좋을 것이다.

천사는 마리아에게 레마, 곧 하나님이 마리아 개인에게 친히 주신 말씀을 전했다. 이 레마에는 약속하신 것을 성취할 수 있는 능력이 담겨 있었다. 그 결과는 마리아의 반응, 그녀가 뭐라고 답하는지에 달려 있었다. 그녀는 "주의 여종이오니 말씀대로 내게 이루어지이다"(눅 1:38)라고 응답했다. 마리아는 이렇게 말함으로 레마 안에 있는 하나님의 초자연적인 능력을 풀어놓고 그 말씀이 자기 몸 가운데 성취되도록 마음을 열었다. 그리하여 인류 역사상 가장 위대한 기적이 일어나게 되었다. 하나님의 영원한 아들이 처녀의 몸에서 태어나신 것이다.

마리아의 반응은 다윗과 마찬가지로 단순했다. 다윗은 "주께서 말씀하신 대로 행하소서!"(대상 17:23)라고 했고, 마리아는 "말씀대로 내게 이루어지이다"라고 했다. 이 간단한 답변들이 기적을 일으키는 하나님의 능력을 풀어놓아 주어진 약속을 성취하게 만들었다. 두 경우 모두 믿음으로 받은 말씀(레마) 안에 그 내용을 성취할 능력이 내재되어 있었다.

예수님 탄생의 기적이 마리아의 믿음의 반응으로 결정되었다는 말에 의문을 제기하는 사람도 있을 것이다. 그러나 이것은 나중에 마리아의 방문을 받은 엘리사벳이 성령의 감동으로 전하는 인사말 끝부분에 분명하게 암시되어 있다. "주께서 하신 말씀이 반드시 이루어지리라고 믿은 그 여자에게 복이 있도다"(눅 1:45). 마리아가 믿었기 때문에 그 약속이 성취된 것이다. 이 믿음이 아니었다면, 기적을 일으키는 하나님의 능력이 약속된 말씀을 성취하지 못하셨을 것이다.

다윗과 마리아의 경험이 어떤 점에서 일치하는지 살펴보겠다.

1. 각 사람에게 하나님의 직접적이고 개인적인 말씀, 곧 레마가 임했다.
2. 이 레마는 하나님의 길과 생각을 보여 주는 것으로, 그들의 생각이나 마음으로는 결코 품을 수 없는 훨씬 높은 차원의 것이었다.
3. 그들이 레마에 귀 기울이자, 그 말씀이 그들에게 믿음을 주었다.
4. 두 사람 모두 약속된 말씀에 단순하게 동의함으로 믿음을 표현했다.

    "주께서 말씀하신 대로 행하소서"(대상 17:23).

    "말씀대로 내게 이루어지이다"(눅 1:38).

5. 이렇게 표현된 믿음은 레마 안에 내재되어 있는 하나님의 능력이 약속된 말씀을 성취할 수 있게 만들었다.

하나님은 오늘도 그분의 백성들에게 동일한 방법으로 역사하신다. 그분은 성령님을 통해 그분의 영원한 계획과 의도, 곧 로고스에서 레마를 끌어내신다. 이 레마는 시공간의 특별한 상황에 맞는 구체적인 말씀이다. 우리가 이 레마를 들을 때, 믿음이 임한다. 그리고 이렇게 받은 믿음을 사용하여 레마를 받아들이면, 그 말씀 자체에 그것을 성취할 수 있는 능력이 있다는 것을 깨닫게 된다.

요약

성경은 하나님께서 믿음을 요구하신다고 말씀하면서 우리가 그것을 어떻게 얻을 수 있는지도 알려 준다. 로마서 10장 17절에 의하면, 믿음은 하나님의 말씀을 들음에서 나온다고 한다. 여기서 "말씀"은 '레마'로, 성령에 의해 생명력을 얻은 개인적인 말씀을 가리킨다.

우리는 로고스와 레마의 관계를 살펴볼 필요가 있다. 로고스는 하나님의 변하지 않는 계획과 의도로, 하늘에 영원히 세워져 있다. 레마는 성령께서 로고스의 일부를 영원에서 가지고 내려와 시간과 인간의 경험에 연결시켜 주시는 것이다. 로고스는 레마를 통해 구체적이고 개인적인 말씀이 된다. 우리가 이 레마의 말씀을 들을 때, 그것을 통해 믿음이 임한다.

"들음"이란 무엇을 의미하는 것일까? 내가 하나님의 약병으로 지칭한 잠언 4장 20-22절은 실제적이고 좋은 예를 보여 준다. 이 약병의 지침에는 "들음"에 대한 네 가지 요소가 포함되어 있다.

1. 하나님이 성령님을 통해 우리에게 말씀하시는 것에 주의를 기울여 집중하라.
2. 겸손하게 배우는 자세를 취하라.
3. 하나님이 우리에게 지시하신 말씀에 시선을 집중하라.
4. 계속해서 마음속으로 그 말씀을 묵상하라.

레마는 하나님의 입으로부터 나오는 그분의 말씀이다. 이렇게 우리에게 임하는 모든 레마의 말씀에 지속적으로 귀 기울이면, 그것이 우리의 영적인 삶과 하나님과의 지속적인 동행을 유지하고 지탱하는 일용할 양식이 된다.

레마는 또한 하늘의 생명수를 땅으로 가지고 내려와 척박함을 비옥함으로 바꿔 주는 비와 눈에 비유된다. 레마는 하나님의 길과 생각을 인간의 차원으로 끌어와 우리의 길과 생각을 하나님의 것으로 바꿔 준다.

다윗 왕과 동정녀 마리아는 레마가 어떻게 역사하는지를 보여 준다. 다윗은 하나님의 집을 세우려 계획했지만, 오히려 주님이 그의 집을 세우실 거라는 레마의 말씀을 주셨다. 하나님은 마리아에게 천사 가브리엘을 통해 그녀가 이스라엘이 오랫동안 기다려 온 하나님의 아들 메시아를 낳게 될 것이라는 레마의 말씀을 주셨다. 다윗과 마리아 모두 레마의 말씀을 들을 때, 믿음이 임했다. 그들은 이 믿음을 통해 레마의 말씀이 약속하신 것이 성취될 것을 받아들일 수 있었다. 그들의 반응은 단순했다. "주께서 말씀하신 대로 행하소서!" "말씀대로 내게 이루어지이다." 하지만 그것으로 충분했다.

Faith

전체 로고스 가운데 어떤 부분이 어느 시점에 우리의 특정한 필요를 채워 줄 말씀인지는 하나님이 더 잘 아신다.

Faith

Chapter 7

믿음은 반드시 고백되어야 한다

THE POWER OF FAITH
ENTERING INTO THE FULLNESS OF GOD'S POSSIBILITIES

믿음이 임하면, 반드시 통과해야 하는 성장과 발전의 3단계가 있는데, 고백, 실행, 그리고 시험이다. 이들을 믿음의 3대 "필수 실천 코스"라고 부를 수도 있을 것이다. 믿음은 입으로 고백되어야 하고, 행동으로 나타나야 하며, 시련을 통해 테스트, 곧 시험 받아야 한다.

입으로 고백하다

"고백하다", "고백"이라는 말은 성경에서 특별한 의미가 있는 중요한 용어이다. 보통 "고백하다"로 번역되는 헬라어 동사 '호몰로게오'(homologeo)의 문자적 의미는 "같은 것을 말하다"이다. 그러므로 "고백"이란 "같은 것을 말하는 것"이다. 그러나 "고백"이라는 말 대신, "시인" 또는 "선포"로 번역되는 경우도 있다. "믿음을 시인한다"는 것은 그리스도인들 사이에서 널리 사용되는 말이며, 이번 장에서 우리가 살펴볼 "믿음을 고백한다"와 동일한 말이다. 어떤 말을 사용하든지 "고백하다"와 "시인하다"는 기본적으로 "같은 것을 말한다"는 동일한 의미를 지니고 있다.

이처럼 특별한 의미에서 "고백"은 항상 하나님의 말씀과 직접적인 관련이 있다. 고백이란, 우리 입으로 하나님이 말씀하시는 것과 같은 것을 말하는 것이다. 우리 입의 말이 기록된 하나님의 말씀과 일치하게 만드는 것이다.

시편 기자는 116편 10절에서 다음과 같이 말했다. "내가 믿었으므로 말하였으니"(한글킹제임스). 바울은 고린도후서 4장 13절에서 이 말씀을 우리 믿음의 고백에 적용한다. "똑같은 믿음의 영을 가졌기에 기록된 바와 같이 '내가 믿었으므로 말하였노라' 하였으니, 우리도 역시 믿으므로 말하노라"(한글킹제임스). 말하는 것은 믿음을 나타내는 자연스러운 방법이다. 말로 표현되지 않는 믿음은 유산된다. 그것은 죽은 믿음이다.

성경 전체가 우리의 입과 마음이 직접적으로 연결되어 있다고 강조한다. 어느 한쪽에서 일어난 일이 다른 쪽에서 일어나는 일과 분리될 수 없다. 예수님은 마태복음 12장 34절에서 "이는 마음에 가득한 것을 입으로 말함이라"고 하셨다. 현대인의 성경은 이 구절을 다음과 같이 옮긴다. "마음에 가득 찬 것을 입으로 말하기 마련이다." 다시 말해 입은 마음에 흘러넘치는 것을 내보내는 밸브이다. 이 밸브를 통해 나오는 것이 그 마음에 무엇이 들어 있는지를 보여 준다.

물탱크에서 흘러나오는 물속에 모래나 곰팡이가 있다면, 탱크 안에 있는 물이 깨끗하지 못한 것이다. 탱크 안 어딘가에 분명 모래나 곰팡이가 있는 것이다. 우리의 마음도 마찬가지이다. 우리 마음에 믿음이 가득하다면, 우리의 입으로 하는 말에 그것이 나타날 것이다. 하지만 우리 입에서 의심이나 불신의 말이 나온다면, 분명 마음속 어딘가에 불신과 의심이 있는 것이다.

북아프리카에서 의무병으로 있을 때, 이질 환자만 돌보는 스코틀랜드인 의사를 도와 일한 적이 있었다. 아침 회진을 돌 때마다 그는 모든 환자에게 동일한 질문 두 가지를 던졌다. "좀 어떤가?" "혀를 보여 주게!"

매일 이러한 의학적 의식에 함께하면서, 이 의사가 "좀 어떤가?"에 대한 답보다 환자의 혀 상태에 훨씬 더 관심이 많다는 사실을 알게 되었다. 이후 나는 어쩌면 하나님과 우리의 관계도 이와 같을지도 모르겠다는 생각을 여러 번 했다. 우리의 영적 상태를 스스로 판단하여 보고드리더라도, 그분은 이 의사와 마찬가지로 주로 우리의 혀를 보고 판단하신다는 것이다.

바울은 로마서 10장 8-10절에서 구원의 기본적인 요건을 규정하면서 마음으로 믿는 것과 입술의 고백을 똑같이 강조하였다.

그러나 그것이 무엇을 말하느냐? "말씀이 네게 가까워 네 입에 있으며 네 마음에 있노라" 하였으니, 곧 우리가 전파하는 믿음의 말씀이라. 네가 네 입으로 주 예수를 시인하고 또 하나님께서 그를 죽은 자들로부터 살리신 것을 네 마음에 믿으면 구원을 받으리라. 이는 사람이 마음으로 믿어 의에 이르고 입으로 고백하여 구원에 이르기 때문이라. (한글킹제임스)

여기서 한글킹제임스 성경을 인용한 것은 문장의 구조와 어법이 헬라어 원문과 가장 가깝기 때문이다. 바울은 입과 마음에 대하여 말하고 있는데, 그것을 말하는 순서가 대단히 중요하다. 8절에서는 입이 먼저, 그다음에 마음이 언급된다. 9절에서도 입이 먼저, 그다음이 마음이다. 그러나 10절에서는 순서가 바뀐다. 마음을 먼저 언급한 다음, 입을 언급한다.

나는 이러한 순서가 우리의 실제 경험과 일치한다고 생각한다. 우리 입에 있는 하나님의 말씀이 시작이다. 우리는 입으로 하나님의 말씀을 고백함으로 그것을 마음에 받아들이게 된다. 우리가 지속적으로 고백할수록, 그 말씀은 점점 더 확고하게 우리 마음에 세워진다. 이처럼 믿음이 우리 마음에 세워지면, 바른 고백을 하기 위해 의식적으로 노력할 필요가 없게 된다. 우리 입으로 하는 말에서 자연스럽게 믿음이 흘러나온다. 그러므로 계속해서 우리의 입으로 믿음을 표현하면, 우리의 고백을 통해 구원의 온전한 유익 안으로 들어가게 된다.

　나는 어느 날 "외우다, 암송하다"에 해당하는 히브리어 표현이 "입으로 배우는 것"임을 알게 되면서 이러한 과정이 역사하는 방식을 확인하게 되었다. "암송한다"는 말은 성취되어야 할 결과를 나타내는 말이다. 하지만 "입으로 배운다"는 히브리어 표현은 그 결과를 성취하는 실질적인 방법을 묘사하고 있다. 무엇을 암송하기 위해 우리는 그것을 입으로 반복해서 말한다. 더 이상 노력하지 않아도 될 때까지 몇 번이고 계속해서 말한다. 그렇게 하여 우리 입에서 시작된 것이 결국 마음에 영구적으로 새겨지게 된다.

　이것은 내가 어렸을 때 구구단을 외던 방법이었다. 구구단을 몇 번이고 다시 반복해서 말하다가, 마침내는 애쓰지 않아도 자동적으로 답을 말할 수 있게 되었다. 구구단이 마음속에 완전히 새겨져 나의 일부가 되어 버린 것이다. 칠십 여년이 지난 지금도 갑작스럽게 "칠칠은?"이라고 묻는다면, 왜 이런 질문을 하는지 궁금하게 여기면서도, 주저함 없이 단번에 "사십구"라고 답할 것이다.

　마찬가지로 우리도 하나님의 말씀을 마음속에 깊이 새겨 놓을 수 있다. 그럴 필요가 있거나 우리의 믿음이 도전받을 때, 우리는 그 상황에 맞는 하나님의 말씀을 고백할 수 있다. 처음에는 애쓰고 노력해야 할 수도 있다. 우리의 감정, 느낌이 하나님의 말씀과 일치하지 않는 것을 말하도록 부추길 수도 있다. 하지만 지속적으로 우리의 느낌이나 감정을 거부하며 우리 입으로 하나님의 말씀과 일치하는 말을 해야 한다. 그러다 보면 결국 더 이상 애쓰거나 노력하지 않게 될 것이다. 각각의 상황에 우리의 입으로 하나님이 말씀하신 것과 같은 말을 하는 것이 당연하고 자연스러운 일이 되는 것이다.

믿음과 감정을 구별하는 것이 중요하다. 느낌 혹은 감정은 우리의 감각에 근거한 것이다. 이러한 감정의 결론은 하나님의 말씀과 반대되는 경우가 대부분이다. 하지만 이미 살펴본 대로 믿음은 우리를 보이지 않는 하나님과 그분의 말씀의 영역에 연결시켜 준다. 믿음과 감정이 충돌할 때마다 우리는 감정이 아니라 믿음으로, 곧 말씀을 고백하기로 결단해야 한다.

우리에게는 올바른 순서로 놓아야 할 세 단어가 있는데, 모두 "f"로 시작한다. 그것은 fact(진실), faith(믿음), feeling(감정)이다. 첫 번째, fact, 곧 진실은 하나님의 말씀에서 발견되는 것으로, 결코 변하지 않는다. 두 번째로 faith, 곧 믿음은 진리이신 하나님의 말씀 편에 서서 그것이 진실, 곧 참된 것이라고 고백한다. 감정이 요동치더라도, 믿음이 견고하면 결국은 진실을 따라가게 되어 있다. 그러나 우리의 시작이 잘못되면, 즉 그 시작이 진실이 아닌 감정이라면, 항상 곤경에 처하게 된다. 우리의 감정은 순간순간, 시시각각으로 변한다. 우리가 감정에 근거한 삶을 산다면, 그 삶도 감정처럼 불안하게 되어 있다. 의인은 감정이 아니라 믿음으로 살게 되어 있다(롬 1:17)!

다섯 가지 실질적인 안전장치

이렇게 우리 입으로 계속해서 바른 고백을 하는 연습은 대단히 효과적이고 강력하다. 하지만 정도를 벗어나면 오용에 빠져 영적으로 위험해질 수도 있다. 이를테면 "마음먹기 나름" 식의 접근이 되어 버릴 수도 있다. 이것은 프랑스의 철학자 쿠에의 가르침으로, 삶의 문제를 해결하려면 "나는 매일 모든 면에서 점점 더 좋아지고 있다"라는 말을 지속적으로 반복해야 한다는 것이다. 또 열정적이지만 미성숙한 그리스도인이 "하나님을 강요하는 법", 즉 전능자로 하여금 자기의 요구에 억지로 응하게 만드는 법을 찾았다고 생각하게 될 위험성도 있다. 또는 하나님을 동전만 넣으면 우리가 원하는 특정한 육신적 만족을 제공해 주는 천국의 자판기 같은 존재로 전락시켜 버릴 수도 있다.

나는 이런 종류의 오용을 피하기 위해 다섯 가지 성경적인 안전장치를 제시하려고 한다.

첫 번째 안전장치: 하나님께 다가가는 우리의 태도를 살펴야 한다. 히브리서 기자는 예수님이 겟세마네 동산에서 드리신 기도에 대해 다음과 같이 언급했다. "예수님은… 경건한 복종으로 하나님의 응답을 받았습니다"(히 5:7, 현대인의 성경). 예수님의 "경건한 복종"의 태도는 "내 원대로 마시옵고 아버지의 원대로 되기를 원하나이다"(눅

22:42)라고 하신 말씀으로 나타났다. 이것은 우리 모두가 따라야 할 본이다. 우리의 뜻을 버리고 하나님의 뜻에 복종하기 전까지, 우리에게는 기도의 응답이나 구원의 유익을 주장할 성경적 근거가 없다.

두 번째 안전장치: 우리가 임의로 상상하거나 간절히 바라는 것을 제멋대로 고백할 수 없다. 우리의 고백은 기록된 하나님의 말씀의 범위 내에서 이루어져야 한다. 성경에 직접적인 근거가 없는 고백은 쉽게 희망적 기대나 광신으로 빠질 수 있다.

세 번째 안전장치: 우리는 계속해서 성령의 인도하심에 따라야 한다. 바울은 로마서 8장 14절에서 하나님의 참된 자녀들이 어떤 존재인지 알려 준다. "무릇 하나님의 영으로 인도함을 받는 사람은 곧 하나님의 아들이라." 그리스도인의 삶의 다른 모든 측면과 마찬가지로 우리 입의 고백에도 이러한 인도하심이 필요하다. 성령께서 주어진 상황 가운데 우리가 고백해야 할 특정 분야의 성경적 진리로 인도해 주셔야 한다. 앞 장에서 살펴본 바와 같이 영원한 로고스를 취하여 각각의 상황에 살아 있고 실제적인 레마로 적용시키실 수 있는 분은 오직 성령님뿐이다.

네 번째 안전장치: 계속해서 하나님의 초자연적인 은혜를 의지해야 한다. 바울은 에베소서 2장 8절에서 절대로 바뀌지 않는 진행 순

서를 언급했다. "너희는 그 은혜에 의하여 믿음으로 말미암아…." 항상 은혜가 먼저이고, 그다음이 믿음이다. 우리가 하나님의 은혜와 능력을 의지하지 않고 자기 능력을 따르기 시작하면, 아브라함과 동일한 결과, 곧 이삭이 아니라 이스마엘을 경험하게 된다.

다섯 번째 안전장치: 우리의 감각이 말해 주는 것을 바르게 판단하는 것이 중요하다. 하나님은 우리에게 눈을 감고, 귀를 닫고, 마치 주변에 물질적이고 육체적인 세상이 존재하지 않는 것처럼 행동하라고 요구하시지 않는다. 믿음은 신비주의가 아니다. 우리는 감각이 보여 주는 실체를 의심하지는 않는다. 다만 그것의 궁극성, 곧 최종적인 것인지에 대해서만 의문을 제기한다.

바울은 효력 있는 믿음은 항상 하나님의 은혜를 필요로 한다고 강조하면서 로마서 4장을 시작한다. 그리고 아브라함이 믿음과 감정 사이의 갈등과 긴장을 어떻게 해결했는지 보여 준다.

그러므로 상속자가 되는 그것이 은혜에 속하기 위하여 믿음으로 되나니 이는 그 약속을 그 모든 후손에게 굳게 하려 하심이라 율법에 속한 자에게뿐만 아니라 아브라함의 믿음에 속한 자에게도 그러하니 아브라함은 우리 모든 사람의 조상이라 기록된 바 내가 너를 많은 민족의 조상으로 세웠다 하심과 같으니 그가 믿은 바 하나님은 죽은 자를 살리시며 없는 것을 있는 것으로 부르시는 이시니라 아브라함이 바랄 수 없는 중에 바라고 믿었으니 이는 네 후손이 이같으리라 하신 말씀대로 많은 민족의 조상이 되게 하려 하심이라 그가 백 세나 되어 자기 몸이 죽은 것 같고 사라의 태가 죽은 것 같음을 알고도 믿음이 약하여지지 아니하고 믿음이 없어 하나님의 약속을 의심하지 않고 믿음으로 견고하여져서 하나님께 영광을 돌리며 약속하신 그것을 또한 능히 이루실 줄을 확신하였으니 (롬 4:16-21)

아브라함의 감각은 그의 육신은 물론, 사라도 아기를 낳을 수 없는 몸이라는 것을 말해 주었다. 그러나 하나님은 그들에게 자녀가 있을 것이라고 약속하셨다. 아브라함은 자신과 사라의 몸에 관해 감각으로 알게 된 것이 사실이 아닌 것처럼 행동하지 않았다. 그는 단지 그것을 최종적인 것으로 받아들이지 않았을 뿐이다. 하나님이 말씀으로 약속하신 바가 있지만 그의 감각은 그와 다른 것을 말해 줄 때, 그는 하나님의 약속을 굳건히 붙잡았다. 자신의 감각으로 알게 된 사실들이 그 약속을 의심하도록 내버려 두지 않았다. 결국 아브라함과 사라의 믿음이 시험을 받은 후에야, 그들의 몸은 하나님이 약속하신 것과 일치하게 되어 실제로 아기를 가질 수 있게 되었다.

우리도 마찬가지이다. 특정 상황에 대해 하나님이 말씀하신 것과 우리의 감각이 알려 주는 것이 충돌하는 기간이 있을 수도 있다. 그러나 우리의 믿음에 효력이 있다면, 그래서 우리도 아브라함처럼 변함없이 바른 고백을 지속한다면, 감각을 통해 우리에게 맞서는 육신적(물리적) 조건이 언젠가 하나님이 말씀하시는 바와 일치하게 될 것이다.

고백하여 구원에 이름

바울은 로마서 10장 8-10절의 가르침을 다음과 같이 언급하며 마무리한다. "입으로 고백하여 구원에 이르기 때문이라"(한글킹제임스). "구원에 이른다"는 말에는 움직임 혹은 진행의 의미가 내포되어 있다. 다시 말해 우리가 지속적으로 올바른 고백을 하면, 계속 전진하여 구원으로 들어가게 된다는 것이다.

하지만 지속적으로 바른 고백을 하려면, "구원"이란 말의 범주를 이해할 필요가 있다. 대부분의 그리스도인들이 이 "고백"을 자신의 죄를 고백하는 것으로 한정 지으면서 "구원"도 죄를 용서받는 것으로 제한하고 있다. 하나님이 우리에게 죄를 고백하게 하신다는 것과 구원에 죄를 용서받는 것이 포함된다는 말은 사실이다. 그러나 고백과 구원은 이보다 훨씬 광범위한 영역을 아우르는 말이다.

시편 78편 21-22절은 하나님이 애굽에서 이끌어 내신 이스라엘 백성들에게 진노하셨다고 말씀한다. 그들이 "하나님을 믿지 아니하며 그의 구원을 의지하지 아니하였기 때문"이었다. 전후 구절들을 살펴보면, 그 시점까지 하나님이 이스라엘을 위해 행하신 모든 일들, 곧 애굽을 심판하심, 홍해를 가르심, 낮에는 구름 기둥, 밤에는 불기둥으로 인도하심, 반석에서 물을 내어 마시게 하심, 하늘에서 만나를 내려 먹이심 등이 그분의 "구원"에 포함된다는 것이 분명해진다. 이것들 외에도 하나님이 그들을 위해 개입하시거나 예비하신 모든 행위들이 "구원"이라는 한 단어로 정리된다.

신약성경에서 보통 "구원하다"로 번역되는 헬라어 동사 '소조'(Sozo)는 죄 용서의 차원을 넘어서는 말이다. 여기에는 인간의 모든 필요를 채워 주는 것이 포함된다. 더 넓은 의미의 예들을 찾아보면 다음과 같다. 이 '소조'라는 말은 혈루증으로 고통받던 여인이 치유 받을 때(마 9:21-22), 루스드라에서 나면서부터 걷지 못하던 사람이 치유 받을 때(행 14:8-10), 거라사의 군대 귀신 들린 사람이 자유케 되어 정신이 온전해졌을 때(눅 8:36), 야이로의 딸이 죽은 자 가운데서 일어났을 때(눅 8:49-55), 병든 자들을 위해 믿음으로 드리는 기도에 치유가 일어난다고 말할 때(약 5:15)에 사용되었다.

또한 바울은 디모데후서 4장 18절에서 다음과 같이 말했다. "주께서 나를 모든 악한 일에서 건져내시고 또 그의 천국에 들어가도록 구원하시리니." 여기서 "구원하다"로 번역된 말이 바로 '소조'로, 이 땅에서의 삶 가운데 바울을 안전하게 붙들어 주시다가 마침내 하나님의 영원한 왕국에 인도해 들이기까지 필요한 하나님의 구원과 보호와 예비하심을 모두 포함하는 의미로 사용되고 있다.

구원에는 우리를 위해 그리스도의 십자가 죽음으로 값을 주고 사신 모든 유익이 포함된다. 그 유익이 영적인 것이든, 육신적인 것이든, 재정적인 것이든, 물질적인 것이든, 이 땅의 것이든 혹은 영원한 것이든, 전부 하나의 위대한 단어인 "구원"으로 정리된다.

우리로 하여금 구원의 다양한 유익 안으로 들어가서 그것을 누리게 하는 방법이 바로 "고백"이다. 성경은 우리가 모든 영역에서 하나님의 공급과 예비하심을 누릴 수 있다고 분명하고 단호하게 말씀한다. 이것을 믿음으로 마음에 받아들이고 우리의 입술로 고백하면, 그 일들이 실제로 우리의 것이 되는 것을 경험하게 된다는 말이다.

예를 들어, 사탄은 정죄감이나 자격이 되지 않는다는 생각으로 그리스도인들을 공격하는 경우가 많다. 심지어 우리를 향한 하나님의 사랑을 의심하게 만들 수도 있다. 그러므로 우리를 참소하는 자를 잠잠케 할 성경 구절들을 찾아 고백함으로 사탄의 이러한 공격을 이겨내야 한다. 몇 가지 예를 들면 다음과 같다.

그러므로 이제 그리스도 예수 안에 있는 자에게는 결코 정죄함이 없나니 (롬 8:1)

우리가 아직 죄인 되었을 때에 그리스도께서 우리를 위하여 죽으심으로 하나님께서 우리에 대한 자기의 사랑을 확증하셨느니라 (롬 5:8)

> 하나님이 우리를 사랑하시는 사랑을 우리가 알고 믿었노니 하나님은 사랑이시라 (요일 4:16)

이 구절들에 근거하여 다음과 같이 고백할 수 있다. "나는 그리스도 예수 안에 있다. 그러므로 정죄 아래 있지 않다. 하나님은 내가 아직 죄인이었을 때 그리스도께서 나를 위해 죽게 하심으로 나를 향한 사랑을 증거하셨다." 모든 부정적인 감정을 거부하고 단호하게 성경 말씀을 계속 고백하면, 정죄와 거절감이 평강과 수용으로 바뀌는 것을 경험하게 될 것이다.

또 우리에게 필요한 영역이 육신의 치유와 건강일 수도 있다. 성경은 예수님에 관하여 다음과 같이 말씀한다. "우리의 연약한 것을 친히 담당하시고 병을 짊어지셨도다"(마 8:17). "그가 채찍에 맞음으로 너희는 나음을 얻었나니"(벧전 2:24). 이것은 이러한 영역에 적절한 고백의 근거가 되는 구절들이다. 질병의 위협을 받을 때마다 나는 증상에 집착하는 대신 단호한 고백으로 반응한다. "예수님이 친히 나의 연약함을 담당하시고 나의 모든 질병을 가져가셨다. 그분이 채찍에 맞으심으로 내가 나음을 얻었다."

처음에는 몸의 증상과 변하지 않는 진리인 하나님의 말씀 사이에서 갈등하며 흔들릴 수도 있다. 하지만 계속해서 하나님의 진리를 고백하면, 마치 구구단처럼 진리가 나의 일부가 된다. 한밤중에 자다가 세 가지 질병의 증상 때문에 깨어나더라도, 나의 영은 여전히 올바른 고백을 할 수 있다. "그가 상하심으로 나는 나음을 입었다."

삶의 또 다른 영역에 문제가 있다면, 나는 그것에 합당한 고백을 한다. 예를 들어 재정적인 어려움을 경험하고 있다면, 고린도후서 9장 8절 말씀을 기억한다. "하나님이 능히 모든 은혜를 너희에게 넘치게 하시나니 이는 너희로 모든 일에 항상 모든 것이 넉넉하여 모든 착한 일을 넘치게 하려 하심이라." 나는 두려움을 품는 것을 거절한다. 감사드림으로 두려움을 정복한다. 나에게 계시된 하나님의 공급과 예비하심이 풍성하다는 것에 계속 감사드린다. 이 고백을 지속하면, 하나님이 개입하심으로 그분의 말씀의 진리가 나의 재정적인 상황 가운데 실제가 되는 모습을 보게 된다.

영역, 필요 그리고 상황마다 지속적으로 "고백함으로 구원에 이르게 된다"(롬 10:10). 우리가 마주치는 모든 문제들이 그에 대한 하나님의 해결책을 선포하고 고백하는 자극제가 된다. 우리의 고백이 완전하고 견실할수록, 더 온전히 구원을 누리고 경험하게 된다.

우리 고백의 대제사장

히브리서 전반에 흐르는 독특한 중심 주제 중 하나가 예수 그리스도의 대제사장직이다. 대제사장이신 예수님은 성부 하나님 앞에서 우리 한 사람 한 사람의 대변자로 섬기신다. 그분의 의로 우리를 덮어 주시고, (하나님께) 우리의 기도를 올려 드리시며, 우리의 필요를 고해 주시고, 우리를 위해 하나님의 약속이 성취될 것을 보증해 주신다. 하지만 히브리서에서 그리스도의 대제사장 되심이라는 주제를 따라가다 보면, 그것이 항상 우리의 고백과 연결되어 있음을 깨닫게 된다. 우리가 이 땅에서 드리는 고백으로 예수님이 하늘에서 우리를 위해 대제사장적 사역을 마음껏 펼치실 수 있는 범위가 결정된다는 것이다.

히브리서 3장 1절은 "우리가 고백하는 바 사도이며 대제사장이신 그리스도 예수를 깊이 생각하라"(한글킹제임스)고 권고한다. 그리스도의 대제사장직을 우리의 고백과 직접 연결 짓는 것이다. 우리를 위한 예수님의 제사장적 사역을 효력 있게 만드는 것이 바로 우리의 고백이다. 바른 고백을 할 때마다, 우리 뒤에 계신 대제사장처럼 우리도 그리스도의 모든 권세를 갖게 된다. 뿐만 아니라, 그리스도께서 우리의 고백대로 성취될 것에 대한 보증이 되어 주신다. 그러나 우리가 바른 고백을 하지 않거나, 믿음보다 의심이나 불신앙을 고백하면, 그리스도께 우리의 대제사장으로 사역하실 기회를 드리지 않는 것이다. 바른 고백은 예수님이 우리의 대제사장으로 사역하시게 만들지만, 잘못된 고백은 그것을 가로막는다.

히브리서 기자는 4장 14절에서 다시 한번 우리의 고백을 예수님의 대제사장직과 연결시킨다. "그러므로 우리에게 위대한 대제사장이 계시니, 곧 하늘들로 올라가신 하나님의 아들 예수시라. 우리의 고백을 굳게 붙들어야 하리라"(한글킹제임스). 여기서 중요한 것은 우리의 고백을 굳게 붙드는 것이다. 우리 입에서 나오는 말이 기록된 하나님의 말씀과 일치되었으면, 말을 바꾸거나 불신 상태로 돌아가지 않도록 조심해야 한다. 많은 어려움이 있을 수도 있다. 상황이 우리가 기대하는 바와 완전히 다르게 보일지도 모른다. 도움을 주던 모든 자연적인 근원이 끊어질 수도 있다. 그러나 우리의 믿음과 고백으로 계속해서 변하지 않는 것들, 곧 하나님의 말씀과 하나님 우편에 계신 대제사장 예수 그리스도를 굳게 붙들어야 한다.

히브리서 기자는 10장에서 세 번째로 우리의 고백과 대제사장이신 그리스도의 관계를 강조한다.

> 또한 하나님의 집을 다스리는 대제사장이 계시니 우리가 믿음의 온전한 확신 가운데서 진실한 마음으로 다가가자. 이는 우리의 마음은 악한 양심으로부터 피 뿌림을 받았고 우리의 몸은 깨끗한 물로 씻겨졌기 때문이라. (약속하신 이는 신실하시니) 우리 믿음의 고백을 흔들림 없이 굳게 붙들자. 또 서로 생각하여 사랑과 선행을 격려하며 (한글킹제임스)

이처럼 그리스도를 우리의 대제사장으로 인식하면, 우리에게 세 가지 책무가 연달아 부여된다. 첫 번째는 하나님과 관련이 있다. 우리는 "진실한 마음으로 (그분께) 다가가야 한다"(22절). 두 번째 책무는 우리의 고백에 관한 것이다. "우리 믿음의 고백을 흔들림 없이 굳게 붙들어야 한다"(23절). 세 번째는 동료 그리스도인들과 관련이 있다. "서로 생각하여 사랑과 선행을 격려해야 한다"(24절). 하나님과 동료 그리스도인들에 대한 책무는 우리 자신에 관한 것이다. 우리는 올바른 고백을 굳게 붙들어야 한다. 이것이 우리가 하나님과 동료 그리스도인들에 대한 책무를 어느 정도 성취할 수 있는지를 결정짓는다.

우리가 살펴본 히브리서 본문들은 바른 고백을 유지하는 것이 얼마나 중요한지를 점점 더 강조하고 있다. 히브리서 3장 1절은 단순히 예수님을 "우리가 고백하는 신앙의 대제사장"(새번역)이라고 말하지만, 4장 14절에서는 "우리의 고백을 굳게 붙들어야 하리라"(한글킹제임스), 10장 23절에서는 우리의 고백을 "흔들림 없이" 굳게 붙들라고 권면한다. 이것은 어려움이나 압박이 커져서 우리의 고백이 바뀌거나 약해질 가능성이 있음을 시사한다. 많은 이들이 실제로 이것을 경험하고 있다. 그러므로 이러한 경고는 시의적절한 것이다. 어떤 압박, 어려움에 부딪치더라도, 우리의 고백을 굳게 붙들기만 하면 승리하게 된다.

히브리서의 마지막 세 번째 권면은 우리의 고백을 흔들림 없이 굳게 붙들어야 하는 구체적인 이유를 말해 준다. 그것은 "약속하신 분이 신실하시기" 때문이다(히 10:23). 우리의 고백은 변함없으신 대제사장과 우리를 연결시켜 준다. 고백은 하나님이 지정하신 방법이다. 우리는 이 고백을 통해 우리를 위한 하나님의 신실하심과 지혜와 능력을 끌어오게 된다.

요약

하나님의 구원 계획 가운데 믿음은 고백과 직접적으로 연결되어 있다. "고백"(또는 시인)은 우리 입의 말을 의도적으로 기록된 하나님의 말씀과 일치시키는 것을 말한다. 우리는 지속적으로 이것을 훈련해야 한다. 우리가 직면하는 모든 상황 가운데 감정이나 감각에 흔들리는 것을 거부하고, 그 상황에 대해 성경이 말씀하시는 바를 단호하고 확실하게 말해야 한다. 처음에는 갈등과 긴장 가운데 애쓰고 노력할 수도 있지만, 결국 하나님의 말씀이 우리 마음에 깊이 새겨져서 우리 입을 통해 자연스럽게 흘러나오게 된다.

우리의 고백 연습이 "수법"으로 전락하지 않도록 조심해야 한다. 이것을 위한 실질적인 안전장치 다섯 가지는 다음과 같다.

1. 자기 뜻을 버리고 하나님의 뜻에 복종해야 한다.
2. 철저하게 하나님의 말씀에 근거한 고백을 계속해야 한다.
3. 지속적으로 성령의 인도하심을 받아야 한다.
4. 타고난 우리의 능력이 아니라 항상 하나님의 초자연적인 은혜를 의지해야 한다.
5. 우리의 감각과 하나님의 말씀이 충돌할 때, 아브라함과 동일한 태도를 취해야 한다. 우리의 감각이 보여 주는 것은 사실이지만, 최종적인 것은 아니다.

바른 고백을 삶의 모든 영역에 지속적으로 적용하면서, 우리는 "구원", 곧 그리스도의 죽으심을 통해 우리가 얻게 된 하나님의 완전한 공급과 예비하심을 점점 더 온전하게 경험하게 된다.

바른 고백은 우리를 대제사장이신 그리스도와 직접 연결시켜 주며, 우리를 위해 하나님의 변함없는 신실하심과 지혜와 능력을 끌어오게 한다.

Faith

성경은 우리가 모든 영역에서 하나님의 공급과 예비하심을 누릴 수 있다고 분명하고 단호하게 말씀한다.

Faith

Chapter 8

믿음은 나타나야 한다

The Power of Faith
Entering into the Fullness of God's Possibilities

믿음은 입으로 고백되어야 한다. 하지만 그것이 전부인가? 종교적인 사람들은 무의미한 말들을 늘어놓는 것에 죄책감을 느끼는 경우가 많다. 그렇다면 어떻게 그것을 피할 수 있을까? 우리가 고백하는 말들이 진실로 마음의 참된 믿음에서 나오는 것임을 어떻게 확신할 수 있을까? 성경은 이 질문에 단순하고 실질적으로 답한다. 그것은 입으로 고백되는 믿음은 합당한 행위로 뒷받침되어야 한다는 것이다. "영혼 없는 몸이 죽은 것같이 행함이 없는 믿음-그에 걸맞는 행함이 없는 믿음-은 죽은 것이다"(약 2:26).

믿음은 사랑으로 역사한다

바울은 갈라디아서 5장 6절에서 문제의 핵심을 찌른다. "그리스도 예수 안에서는 할례나 무할례나 효력이 없으되 사랑으로써 역사하는 믿음뿐이니라." 그는 여기서 논리적인 순서로 연결되는 네 가지 핵심 포인트를 확립한다.

첫째, 바울은 할례를 예로 들어 표면적인 의식이나 예식 자체는 우리를 하나님께 인도하지 못한다고 말한다. 하나님은 무엇보다도 외적인 것이 아니라 내적인 것에 관심이 있으시다.

둘째, 참된 그리스도인의 필수 요소는 믿음이다. 오직 믿음으로 충만한 마음만이 하나님이 받으실 만한 것이다. 그 무엇도 이것을 대신할 수 없다. 우리는 이미 5장에서 성경이 지속적으로 믿음의 중요성과 필요성을 강조하고 있음을 살펴보았다.

셋째, 바울은 우리에게 믿음이 역사한다고 말했다. 믿음의 본질은 활동하는 것이다. 합당한 행위가 없다면, 참된 믿음도 없는 것이다.

넷째, 믿음은 사랑으로 자연스럽게 역사한다. 사랑이 드러나지 않는다면, 참된 믿음도 없는 것이다. 사랑은 본질적으로 긍정적이고, 힘을 주며, 위로하고, 세워 준다. 항상 부정적이고, 비판적이고, 무자비하게 행한다면, 사랑이 없음을 드러내는 것이며, 믿음도 없는 것이다. 어쩌면 종교 때문에 이와 같이 행할 수도 있다. 하지만 그것은 분명 믿음에서 나온 것이 아니다.

신약성경에서 야고보서는 믿음과 행동의 관계를 강조하는 책이다. 성경 주석가들 중에는 야고보가 보는 믿음과 바울이 보는 믿음

사이에는 차이점이 있다고 말하는 이들이 있다. 바울이 행위와 상관없이 오직 믿음의 구원만을 강조한다면, 야고보는 믿음이 반드시 행동으로 표현되어야 한다고 주장한다는 것이다. 그러나 이 둘은 동일한 진리를 상반되는 두 개의 관점으로 본 것일 뿐, 상충되지 않는다는 것이 내 개인적인 생각이다. 우리는 행위와 상관없이 믿음으로 의롭게 되었다. 의를 얻기 위해 우리가 할 수 있는 행위가 없기 때문이다. 그러나 행위와 상관없이 믿음으로 의롭게 되면, 그에 따르는 믿음이 행동으로 나타나게 되어 있다. 즉, 바울은 우리에게 하나님의 의를 얻는 방법을, 야고보는 우리가 하나님의 의를 얻으면 어떤 결과가 따라오는지를 말해 준 것이다. 이와 같이 두 관점은 강조점만 다를 뿐, 충돌하지 않는다.

게다가 바울이 행위를 강조하지 않았다고 보는 것은 완전히 잘못된 주장이다. 이미 우리가 살펴본 것과 같이 그는 갈라디아서 5장 6절에서 믿음의 본질은 역사하는 것, '곧 사랑을 통해 일하는 것'(새번역)임을 보여 주었다. 또한 동일한 진리를 사랑 장으로 유명한 고린도전서 13장과 그 외의 다른 여러 서신에서도 언급했다.

야고보는 행위를 강조했다

믿음과 행함에 대한 야고보의 가르침 가운데 가장 중요한 내용이 야고보서 2장 14-26절에 기록되어 있다. 본문을 여섯 단락으로 나누고 순서대로 자세히 살펴보겠다.

1. 행함이 없는 고백(14-17절)

내 형제들아 만일 사람이 믿음이 있노라 하고 행함이 없으면 무슨 유익이 있으리요 그 믿음이 능히 자기를 구원하겠느냐 만일 형제나 자매가 헐벗고 일용할 양식이 없는데 너희 중에 누구든지 그에게 이르되 평안히 가라, 덥게 하라, 배부르게 하라 하며 그 몸에 쓸 것을 주지 아니하면 무슨 유익이 있으리요 이와 같이 행함이 없는 믿음은 그 자체가 죽은 것이라

야고보는 여기서 자기에게 믿음이 있다고 주장하는 사람에 대하여 말하고 있다. 그 사람은 믿음이 있다고 주장하지만, 행위는 그의 주장을 부정한다. 물질적으로 절박한 동료 그리스도인과 마주쳐도 위로의 말만 전할 뿐, 실제로 도움이 되는 일은 아무것도 하지 않는다. 적절하고 합당한 행함이 없는 것은 그의 위로가 빈말이며 진실하지 않음을 보여 준다. 동일한 원리가 우리 믿음의 고백, 선포에도 적용된다. 합당한 행위가 뒤따르지 않는다면, 우리가 하는 말은 진실성 없는 죽은 말에 불과한 것이 된다.

2. 신학 vs. 생명(18절)

어떤 사람은 말하기를 너는 믿음이 있고 나는 행함이 있으니 행함이 없는 네 믿음을 내게 보이라 나는 행함으로 내 믿음을 네게 보이리라 하리라

나는 항상 이 구절을 개인적인 도전으로 받아들인다. 내가 가진 믿음은 추상적인 신학에 불과한가 아니면 행함으로 나의 믿음을 증거하고 있는가? 이 세상은 추상적인 그림으로 보여 주는 믿음에 질려 버렸다. 그들은 믿음이 역사하는 모습을 간절히 보고 싶어 한다. 실제적인 역사가 일어나지 않는 신학은 아무 권위도 없다는 것이 내 개인적인 생각이다.

3. 마귀의 정통적 믿음(19절)

네가 하나님은 한 분이신 줄을 믿느냐 잘하는도다 귀신들도 믿고 떠느니라

참 하나님은 한 분뿐이라는 사실을 믿는 것은 정통적인 신념이다. 그러나 이것으로는 충분하지 않다. 귀신들도 이것을 믿고 떤다! 나는 마귀도 성경 전체를 믿는다고 확신한다. 그런 의미에서 그는 수많은 신학자들보다도 훨씬 더 정통파라고 할 수 있다! 그렇다면

이와 같은 믿음에 결여되어 있는 것은 무엇인가? 한 단어로 답할 수 있다. 바로 불순종이다! 사탄과 귀신들도 한 분 하나님을 믿지만, 그들은 하나님께 지속적으로 반역하고 있다. 참된 믿음은 순종과 복종으로 나아가게 된다. 그렇지 않다면, 아무 의미 없는 헛된 믿음인 것이다.

4. 아브라함(20-24절)

> 아아 허탄한 사람아 행함이 없는 믿음이 헛것인 줄을 알고자 하느냐 우리 조상 아브라함이 그 아들 이삭을 제단에 바칠 때에 행함으로 의롭다 하심을 받은 것이 아니냐 네가 보거니와 믿음이 그의 행함과 함께 일하고 행함으로 믿음이 온전하게 되었느니라 이에 성경에 이른 바 아브라함이 하나님을 믿으니 이것을 의로 여기셨다는 말씀이 이루어졌고 그는 하나님의 벗이라 칭함을 받았나니 이로 보건대 사람이 행함으로 의롭다 하심을 받고 믿음으로만은 아니니라

이제 야고보는 핵심을 설명하기 위해 아브라함의 삶을 살펴본다. 그가 하는 말을 이해하려면, 아브라함의 삶에 일어난 몇 가지 중요한 사건을 살펴볼 필요가 있다. 창세기 12장에서 하나님은 아브라함에게 갈대아 우르를 떠나 유업으로 받게 될 땅으로 가라고 명하셨다. 아브라함이 순종하자, 하나님은 그를 가나안 땅으로 인도하셨

다. 그런데 창세기 15장에서는 그 땅을 물려받을 상속자, 곧 자기 몸에서 난 아들이 없다고 불평하는 아브라함의 모습을 보게 된다. 이에 하나님은 그에게 밤하늘의 별들을 보여 주시며 다음과 같이 말씀하셨다. "네 자손이 이와 같으리라"(5절). 아브라함의 반응은 다음 6절에 기록되어 있다. "아브람이 여호와를 믿으니 여호와께서 이를 그의 의로 여기시고." 하나님은 여기서 아브라함이 행한 어떤 선한 행위 때문이 아니라, 단지 그가 하나님을 믿었기 때문에 그를 의롭게 여기셨다.

하지만 야고보는 이것으로 아브라함의 믿음의 여정이 끝난 것이 아니었다고 말한다. 아브라함은 하나님을 믿었고 오직 그 믿음으로 의롭게 여기심을 받았지만, 이후의 모든 행함 가운데 지속적으로 믿음을 나타내야 했다. 이어지는 창세기 16-21장에서 하나님은 약 40년이라는 기간 동안 아브라함을 한 걸음씩 순종으로 이끄셔서 그의 믿음을 성숙시켜 주셨다. 마침내 그는 창세기 22장에서 아들인 이삭을 제단에 바쳐야 하는 최후의 시험대에 오르게 되었다. 히브리서 11장 17-19절에 따르면, 아브라함은 이삭을 번제로 바치더라도, 하나님이 그를 다시 살리실 것을 온전히 신뢰했다고 한다. 이처럼 아브라함은 이 시험을 이기고 승리하게 되었다.

창세기 15장의 아브라함은 이와 같은 시험을 통과할 준비가 되어 있지 않았다. 그는 이삭을 기꺼이 바치기까지 수많은 예비 시험을 치르고 고군분투하는 가운데 지속적으로 순종해야 했다. 야고보는 이것을 다음과 같이 설명한다. "믿음이 그의 행함과 함께 일하고 행함으로 믿음이 온전하게 되었느니라"(약 2:22). 항상 믿음이 출발점이다. 다른 것이 있을 수 없다. 일단 믿음이 생기면, 잇따르는 시험 가운데 그것을 나타내게 된다. 믿음은 이러한 시험에 순종의 합당한 행위들로 반응한다. 순종으로 행할 때마다 믿음이 성장하고 강해지면서 다음 단계의 시험에 대비하게 한다. 결국 이러한 시험과 순종의 행위가 지속적으로 반복되는 가운데 믿음이 성숙되고 온전해지는 것이다.

5. 라합(25절)

또 이와 같이 기생 라합이 사자들을 접대하여 다른 길로 나가게 할 때에 행함으로 의롭다 하심을 받은 것이 아니냐

야고보는 믿음과 행함의 관계를 보여 주는 마지막 예로 라합을 든다. 라합 이야기는 여호수아 2장 1-22절과 6장 21-25절에 기록되어 있다. 소망 없는 자들에게 소망이 있음을 보여 주기에, 나는 그녀의 이야기를 좋아한다. 라합은 죄 많은 이방 여인으로, 하나님께 멸망당하게 되어 있는 여리고 성에 살고 있었다. 그럼에도 그녀는 믿음 때문에 멸망을 피하였고, 온 가족을 구원했으며, 하나님의 백성에 편입되어 그 이름이 남편과 함께 예수 그리스도의 조상으로 올라

가게 되었다(마 1:5).

라합의 믿음은 무의미한 고백이 아니었다. 그녀의 믿음은 합당한 행동으로 나타났다. 여호수아가 여리고에 파송한 정탐꾼들이 그녀의 집에 묵었다. 그런데 그들이 붙잡힐 위기에 처하자, 그녀는 목숨을 걸고 그들을 지붕에 숨겨 주었다. 라합은 그들을 떠나 보내기 전에 사실상 다음과 같이 말하며 협상을 시도했다. "내가 당신들의 생명을 구해 주었습니다. 그러니 나와 내 가족을 살려 주십시오." 정탐꾼들은 라합의 요구를 받아들여 그대로 이행할 것을 맹세하였다. 사실 그들은 자기들을 위해서가 아니라 하나님을 대신하여 이 맹세를 한 것이었다. 초자연적 능력으로 여리고 성을 멸망시키신 분은 바로 하나님이시기 때문이다(수 6:1-5,20). 합의가 이뤄진 후, 라합은 다시 한번 목숨을 걸고 성벽 위에 있는 자신의 집 창문으로 밧줄을 늘어뜨려 그들을 내려보냈다.

정탐꾼들은 떠나기 전에 라합에게 마지막으로 한 가지를 지시한다. "우리가 이 땅에 들어올 때에 우리를 달아 내린 창문에 이 붉은 줄을 매고 네 부모와 형제와 네 아버지의 가족을 다 네 집에 모으라"(수 2:18). 여기서 붉은 줄은 고백과 같은 것이었다. 라합은 이 붉은 줄로 정탐꾼들의 약속에 대한 믿음을 가시적으로 보여 주었다. 신약성경의 관점으로 보면, 이 붉은 줄은 그리스도의 보혈에 대한 믿음을 고백하는 것이다.

라합 이야기는 믿음과 고백, 그리고 그에 합당한 행함을 한데

묶어 생생하게 보여 준다. 그녀는 여리고 성이 무너질 것이라는 정탐꾼들의 증언을 믿었다. 또한 그녀와 그녀의 가족을 살려 주겠다는 정탐꾼들의 약속도 믿었다. 하지만 그것으로 충분하지 않았다. 붉은 줄을 창문에 매어 놓음으로 그녀의 믿음을 고백해야 했다. 그러나 아직도 충분하지 않았다. 라합은 먼저 목숨을 걸고 정탐꾼들을 지붕에 숨겨 주었고, 또 창문으로 달아내려 주었다. 그녀는 이처럼 행함으로 자기의 믿음을 보여야 했다. 또한 붉은 줄도 그 창문에 매어 놓아야 했다. 하지만 그녀가 그 창문으로 정탐꾼들을 내려보내지 않았다면, 붉은 줄은 그녀를 구원하지 못했을 것이다. 라합 이야기는 믿음, 고백 그리고 그에 합당한 행함 등 결코 분리될 수 없는 이 세 가지를 모두 보여 준다.

6. 야고보의 결론(26절)

영혼 없는 몸이 죽은 것같이 행함이 없는 믿음은 죽은 것이니라

야고보는 행함이 없는 믿음은 시체와 같다는 직설적이면서도 생생한 비유로 자신의 분석을 결론짓는다. 어쩌면 그것은 종교적인 상황이나 환경 가운데 엄격하게 관리받은 미라 같은 믿음일 수도 있다. 그럼에도 결국은 죽은 것이다. 육신에 생명을 줄 수 있는 것은 영뿐이다. 마찬가지로 믿음에 생명을 불어넣을 수 있는 것도 행함,

즉 그에 따르는 합당한 행동밖에 없다.

믿음은 걸음이다

우리는 앞서 야고보가 어떻게 아브라함을 통해 행함이 수반된 믿음의 예를 보여 주었는지 살펴보았다. 바울도 로마서에서 우리가 따라야 할 믿음의 본으로 아브라함을 제시한다.

> 그가 할례의 표를 받은 것은 무할례시에 믿음으로 된 의를 인친 것이니 이는 무할례자로서 믿는 모든 자의 조상이 되어 그들도 의로 여기심을 얻게 하려 하심이라 또한 할례자의 조상이 되었나니 곧 할례 받을 자에게뿐 아니라 우리 조상 아브라함이 무할례시에 가졌던 믿음의 자취를 따르는 자들에게도 그러하니라 (롬 4:11-12)

먼저, 바울은 아브라함이 할례의 행위로 의롭게 된 것이 아니라고 설명한다. 오히려 아브라함은 오직 믿음에 근거하여 이미 의로 여겨진 것에 대한 외적 증거로 할례를 받은 것이었다. 이것은 믿음에 근거하지 않는 한, 할례 자체는 아무 가치도 없다는 것을 시사한다.

바울은 계속해서 아브라함이 믿음의 본으로서 할례 받은 자든 할례 받지 않은 자든, 모든 믿는 자들의 아버지가 되었다고 말한다.

그러나 그는 인종이나 종교적인 배경과 상관없이 우리가 아브라함의 영적인 자손이 되기 위해 반드시 충족시켜야 할 한 가지 조건을 제시한다. 그것은 "우리 조상 아브라함이 무할례시에 가졌던 믿음의 자취를 따라야 한다"는 것이다(12절).

바울은 여기서 "아브라함의 믿음의 (발)자취"라고 언급한다. 이것은 믿음이 정적인 것이 아님을 생생하게 보여 주는 표현이다. 상태나 위치가 아니라, 한 걸음씩 내딛으며 전진하는 것이 믿음이라는 말이다. 모든 걸음이 하나님과의 개인적인 관계의 결과로 나타나게 된다. 이런 이유로 모든 믿는 자가 따라야 할 포괄적인 행위 규범이나 규칙을 만들 수 없는 것이다. 믿는 자들마다 믿음의 단계가 다르다. 수년간 믿음 안에 있는 신자라면, 새신자보다 훨씬 앞장서 있어야 한다. 하나님은 성숙한 신자와 초신자에게 각각 다른 것을 요구하신다. 모두가 각자의 믿음의 여정 가운데 현재 하나님과의 관계를 보여 주는 걸음을 내딛어야 한다. 나보다 더 성숙하거나 아직 어린 신자들과 동일한 걸음을 걸을 수는 없다.

그러므로 믿음은 하나님과 모든 믿는 자의 지속적이고 개인적인 관계의 결과를 보여 주는 걸음과 같다. 모든 걸음이 순종의 행보이다. 우리가 지속적으로 순종하면서 하나님과의 올바른 관계 안에서 행하면, 우리의 믿음이 성장하다가 결국 성숙에 이르게 된다.

요약

믿음의 고백에는 사랑이 담긴 합당한 행동이 수반되어야 한다. 이것이 없으면 믿음은 헛된 것이 된다.

야고보서는 믿음과 행함의 관계를 지배하는 세 가지 원리를 확고히 한다.

1. 행함이 없는 고백은 무가치한 것이다.
2. 신학이 실제 삶 가운데 역사하게 해야 한다.
3. 정통 신앙에는 순종이 수반되어야 한다.

야고보는 이 원리를 구약성경의 두 인물을 예로 들어 설명한다.

1. 아브라함은 오직 그의 믿음에 근거하여 하나님께 의롭다 함을 받았다. 그러나 이후에 그의 믿음은 계속되는 순종의 행위들을 통해 성장하고 성숙되어 아들인 이삭을 기꺼이 하나님의 제단에 바치는 경지에 이르게 되었다.
2. 라합은 단순히 정탐꾼들의 보고를 믿기만 한 것이 아니었다. 그녀는 목숨을 걸고 그들을 구해주었다. 또한 붉은 줄을 창문에 매어 놓음으로 정탐꾼들의 약속에 대한 믿음을 고백하였다. 이처럼 그녀는 믿었고, 그것을 고백하였으며, 그리고 그에 합당하게 행했다.

마지막으로 야고보는 영이 없는 몸이 죽은 것처럼, 행함이 없는 믿음도 죽은 것이라고 선언하였다.

바울도 아브라함을 예로 들어 믿음은 정적인 상태가 아니라, 하나님과의 개인적인 관계의 결과로 나타나는 지속적인 걸음이라는 것을 보여 주었다. 모든 걸음이 순종의 행보라는 것이다. 믿음은 이렇게 반복되는 모든 걸음 가운데 성장하고 발전하다가 마침내 성숙에 이르게 된다.

Faith

Chapter 9

믿음은 연단 받아야 한다

THE POWER OF FAITH
ENTERING INTO THE FULLNESS OF GOD'S POSSIBILITIES

앞에서 살펴본 대로, 믿음은 입으로 고백되어야 하며, 행함으로 나타나야 한다. 이제 세 번째로 "반드시 통과해야 하는 것"이 있다. 대부분의 사람들은 이것을 직면하고 싶어 하지 않지만, 피할 수 없는 일이다. 그것은 믿음은 연단 받아야 한다는 것이다.

환난 중에 즐거워하기

바울은 로마서 5장 1-11절에서 그리스도를 통해 하나님께 나아가는 믿음의 관계에 대해 말하면서 "즐거워한다"는 표현을 세 차례 사용한다. 이것은 확신을 강하게 표현하는 말로, 실제로 우리는 바로 이 확신 때문에 자랑하게 된다.

바울은 2절에서 다음과 같이 말한다. "하나님의 영광을 바라고 즐거워하느니라." 이것은 이해하기 어렵지 않은 말이다. 만일 우리가 하나님의 영광의 상속자이며 영원토록 그분과 함께 그 영광을 누리게 될 것을 진실로 믿는다면, 흥분되는 마음과 행복한 기대감을 표현하는 것은 당연한 일이다.

그런데 바울은 3절에서도 다시 한번 비슷한 표현을 사용한다. "다만 이뿐 아니라 우리가 환난 중에도 즐거워하나니." 처음에는 이것이 어리석고 터무니없는 말처럼 들린다. 누가 환난 중에, 다시 말해 고난, 박해, 외로움, 오해, 가난, 질병과 사랑하는 이의 죽음 앞에서 즐거워하는 모습을 상상할 수 있겠는가? 바울은 왜 이러한 상황 가운데 즐거워해야 한다고 말하는 걸까? 혹은 하나님은 왜 이런 것을 우리에게 기대하시는 걸까?

다행히도 바울은 그 이유를 말해 준다.

> 이는 환난은 인내력을 낳고, 인내력은 단련된 인격을 낳고, 단련된 인격은 희망을 낳는 줄을 알고 있기 때문입니다. 이 희망은 우리를 실망시키지 않습니다. 하나님께서 우리에게 주신 성령을 통하여 그의 사랑을 우리 마음속에 부어 주셨기 때문입니다. (3-5절, 새번역)

바울의 말을 정리하자면, 환난을 하나님으로부터 온 것으로 받아들이고 믿음으로 인내하면, 다른 방법으로는 얻을 수 없는 성품의 열매를 얻게 되기 때문에 즐거워해야 한다는 것이다.

이 말을 상세하게 분석하면, 환난의 시험, 곧 연단을 통과함으로 얻게 되는 성품 발달의 4단계가 있음을 발견하게 된다. 각 단계들을 살펴보면, 다음과 같다.

첫 번째 단계는 인내, 참고 견디는 것이다(3-4절). 인내는 그리스도인의 필수적인 성품이다. 인내 없이는 하나님의 복과 은혜, 그분이 우리를 위해 예비해 두신 많은 것들을 누릴 수 없다.

두 번째 단계는 단련된 인격 또는 성품이다(4절). 헬라어 원문에 사용된 말은 '도키메'(dokime)로, 우리말 역본에서는 "연단"(개역개정외) 외에 "연단된 인품"(쉬운성경), "단련된 인격"(공동번역), "체험"(킹흠정역) 등으로 번역하였으며, 영역본에서는 "성품, 인격의 힘"(TLB), "성숙한 성품"(필립스), "하나님의 인정"(예루살렘 바이블), "시련을 견뎠다는 증거"(NEB) 등으로 옮기고 있다. '도키메'라는 말은 용광로의 시험, 곧 정련을 통과한 쇠와 밀접한 관련이 있다. 이것에 대해서는 잠시 후에 다시 살펴보려 한다.

세 번째 단계는 희망, 소망이다(4-5절). 필립스 성경은 이것을 "한결같은, 확고한 소망"으로 번역하였다. 희망 혹은 소망은 백일몽이나 희망 사항 또는 현실 도피적인 상상 같은 것이 아니다. 여기서 소망은 선한 것에 대한 강하고, 평온하고, 확신에 찬 기대를 말한다.

그리고 선한 것은 시험, 곧 단련의 과정을 통과하며 궁극적으로 나타나게 되어 있는 결과를 가리킨다.

네 번째 단계는 우리의 마음에 부어진 하나님의 사랑이다(5절). 이 사랑은 결코 실망시키지 않기에, 우리가 품을 수 있는 모든 소망을 훨씬 뛰어넘는 것이다. 그러므로 하나님이 우리의 성품을 다루시는 최종적인 목적은 우리로 하여금 그분의 사랑을 누리게 하시려는 것이다.

11절에 이르러 바울은 세 번째로 '즐거워한다'라는 표현을 사용한다. "그뿐 아니라 이제 우리로 화목하게 하신 우리 주 예수 그리스도로 말미암아 하나님 안에서 또한 즐거워하느니라." 여기에서 다시 한번 하나님의 목적이 언급된다. 하나님은 우리가 단순히 그분이 우리를 위해 마련해 놓으신 것들, 곧 그분의 놀라운 은혜와 복, 은사, 예비하심 등을 즐거워하거나 자랑하는 데에만 머물지 않기를 바라신다. 우리가 다른 어떤 것 혹은 다른 누구에게서가 아니라, 오직 하나님 안에서 최종적인 그리고 가장 높은 만족을 누리게 하는 것이 그분의 목적이다. 이것은 앞서 말한 성품 발달의 과정을 통과하지 않으면 불가능한 일이다. 오직 하나님만이 우리의 가장 깊은 기쁨의 근원이며 가장 높은 헌신의 대상이 되는 것, 그것이 바로 영적 성숙의 가장 확실한 증거이다.

바울이 로마서 5장에서 가르친 것과 사랑 장으로 유명한 고린도전서 13장에서 가르친 내용을 비교해 보자. 그는 로마서에서 우리가 인내를 통해 하나님의 사랑의 충만함에 이르게 된다고 하였다. 그런데 고린도전서 13장에서는 반대로 말한다. 그는 오직 사랑만이 모든 시험을 견딜 만큼 강력한 것이라고 말한다. "사랑은… 모든 것을 참으며 모든 것을 믿으며 모든 것을 바라며 모든 것을 견디느니라"(4,7절). 성경은 이처럼 사랑과 인내 사이에 끊을 수 없는 결속력이 있음을 보여 준다.

바울은 로마서 5장에서 그리스도인이 믿음, 소망, 사랑의 3단계를 순차적으로 경험하게 되어 있다고 말한다. 즉, 믿음은 소망으로, 소망은 사랑으로 나아가게 되어 있다는 것이다. 바울은 고린도전서 13장 13절에서도 이 세 가지를 동일한 순서로 언급한다. 그러나 모두 영원한 가치가 있지만, 사랑이 제일이라고 강조한다. "그런즉 믿음, 소망, 사랑, 이 세 가지는 항상 있을 것인데 그중의 제일은 사랑이라."

우리는 하나님의 말씀의 거울에 비추어 이 세 가지 속성을 묵상하면서, 이들이 완벽하게 우리 성품의 일부가 될 때까지 마음의 눈(엡 1:18)을 고정시켜야 한다. 그러면 다음 구절이 말씀하는 진리를 경험하게 된다.

우리가 다 수건을 벗은 얼굴로 거울을 보는 것같이 주의 영광을 보매 그와 같은 형상으로 변화하여 영광에서 영광에 이르니 곧 주의 영으로 말

미암음이니라 (고후 3:18)

"영광에서 영광에 이른다"는 말에는 "믿음에서 소망에 이른다", "소망에서 사랑에 이른다"는 의미도 있다.

야고보서도 믿음이 시험(단련)을 통해 성장하고 발전한다고 말씀한다.

> 내 형제들아 너희가 여러 가지 시험을 당하거든 온전히 기쁘게 여기라 이는 너희 믿음의 시련이 인내를 만들어 내는 줄 너희가 앎이라 인내를 온전히 이루라 이는 너희로 온전하고 구비하여 조금도 부족함이 없게 하려 함이라 (약 1:2-4)

바울은 우리에게 환난 중에 즐거워하라고, 그리고 야고보는 우리의 모든 시험을 기쁘게 여기라고 말한다. 이것은 우리의 자연스러운 혹은 일반적인 사고와 충돌하는 명령이다. 하지만 둘 다 목적은 동일하다. 시험, 곧 단련만이 인내를 이끌어 낼 수 있고, 바로 이 인내를 통해서만 우리의 삶을 향한 하나님의 온전하신 뜻 안으로 들어갈 수 있기 때문이다. 야고보는 이 진리를 다음과 같이 표현하였다. "너희로 온전하고 구비하여 조금도 부족함이 없게 하려 함이라"(4절). 이러한 관점에서 우리에게는 믿음의 시험을 기쁘게 받아들일 만한 합당한 이유가 있는 것이다.

불로 연단함

바울이나 야고보와 마찬가지로 베드로도 우리의 믿음이 경험하고 견뎌야 할 시험에 대해 경고한다. 그는 그리스도인들을 다음과 같은 존재라고 말한다. "너희는 말세에 나타내기로 예비하신 구원을 얻기 위하여 믿음으로 말미암아 하나님의 능력으로 보호하심을 받았느니라"(벧전 1:5). 그는 오직 "믿음"을 통해서만 하나님의 능력이 우리의 삶에 효과적으로 역사할 수 있다고 강조한다. 그러므로 하나님의 구원의 계시가 충만하게 온전히 나타나게 하려면, 계속 믿어야 한다. 이어지는 두 구절에서 베드로는 우리의 믿음이 어떻게 연단받게 되어 있는지 설명한다.

> 그러므로 (즉, 구원을 기대하기에) 너희가 이제 여러 가지 시험으로 말미암아 잠깐 근심하게 되지 않을 수 없으나 오히려 크게 기뻐하는도다 너희 믿음의 확실함은 불로 연단하여도 없어질 금보다 더 귀하여 예수 그리스도께서 나타나실 때에 칭찬과 영광과 존귀를 얻게 할 것이니라

여기서 베드로는 우리 믿음의 시험을 풀무 불에 금을 정련하는 것에 비유하였다. 그는 뒷부분에서 다시 한번 동일한 주제를 언급한다.

> 사랑하는 자들아 너희를 연단하려고 오는 불 시험을 이상한 일 당하는 것같이 이상히 여기지 말고 오히려 너희가 그리스도의 고난에 참여하는 것으로 즐거워하라 이는 그의 영광을 나타내실 때에 너희로 즐거워하고 기뻐하게 하려 함이라 (벧전 4:12-13)

"불 시험"을 통과할 때에 처음에는 그것이 "이상한 일", 곧 그리스도인의 삶에 속하지 않은 일로 여겨질 수도 있다. 그러나 베드로는 오히려 이와 같은 시험은 삶에 필수적인 요소라고 분명하게 말한다. 금을 정련하는 데 반드시 불이 있어야 하는 것처럼, 우리의 믿음을 정결케 하는 데도 불 시험이 필수적이라는 것이다. 그래서 그는 우리에게 계속 "즐거워하고 기뻐하라"고 권면한 것이다. 이렇게 하여 바울이나 야고보와 마찬가지로 베드로의 가르침에서도 큰 기쁨을 가져오는 혹독한 시험이라는 이상한 논리를 발견하게 된다.

말라기 선지자는 오랫동안 기다려 온 메시아 예수님을, 자기 백성에게 오셔서 그들을 금과 같이, 은과 같이 연단하시는 모습으로 생생하게 묘사해 놓았다.

> 그가 임하시는 날을 누가 능히 당하며 그가 나타나는 때에 누가 능히 서리요 그는 금을 연단하는 자의 불과 표백하는 자의 잿물과 같을 것이라 그가 은을 연단하여 깨끗하게 하는 자같이 앉아서 레위 자손을 깨끗하

게 하되 금, 은같이 그들을 연단하리니 그들이 공의로운 제물을 나 여호와께 바칠 것이라 (말 3:2-3)

성경 시대에 금과 은을 정련하려면, 금속을 담은 솥을 가장 뜨거운 용광로에 집어넣었다. 진흙으로 만든 가마에 불을 지피고 풀무로 불길을 거세게 일으키면, 솥에 든 금속이 뜨거워지면서 표면에 찌꺼기, 곧 여러 가지 "불순물"이 떠오르게 되는데, 세공업자 혹은 정련공이 그것을 걷어냈다(잠 25:4). 이 과정은 모든 불순물이 다 제거되어 순수한 금속만 남을 때까지 계속되었다.

정련공은 금속이 든 솥 위로 몸을 굽혀 표면에 자기 얼굴이 그대로 비칠 정도로 완전히 순수해질 때까지 만족하지 않았다고 한다. 마찬가지로 우리를 정련하시는 주님도 우리의 삶 가운데 왜곡 없이 그분의 형상이 나타날 때까지 불 시험을 계속 허락하신다.

시련이나 고난은 하나님의 백성들을 연단하고 정결케 하여 그분이 요구하시는 거룩에 이르게 하는 도가니이다. 구약의 여러 선지자들은 이 비유를 사용하여 하나님의 심판에서 살아남아 그분의 은혜를 입게 되어 있는 이스라엘의 남은 자들의 모습을 아름답게 묘사하였다. 예를 들어 이사야 48장 10절에서 하나님은 다음과 같이 말씀하신다. "보라 내가 너를 연단하였으나 은처럼 하지 아니하고 너를 고난의 풀무 불에서 택하였노라."

또 스가랴서에서는 이렇게 말씀하신다.

> 내가 그 삼분의 일을 불 가운데에 던져 은같이 연단하며 금같이 시험할 것이라 그들이 내 이름을 부르리니 내가 들을 것이며 나는 말하기를 이는 내 백성이라 할 것이요 그들은 말하기를 여호와는 내 하나님이시라 하리라 (슥 13:9)

풀무의 시련, 곧 단련 과정을 통과한 금속을 "정련되었다"고 칭한다. 그리고 이렇게 정련된 금속만이 가치가 있다고 인정받는다. 하지만 이러한 시험, 곧 단련 과정을 통과하지 않은 금속은 "버려졌다." 예레미야 6장 30절에서는 이스라엘을 "내버린 은"이라고 부르는데, 혹독하게 반복되는 하나님의 심판으로도 그들을 정결케 하지 못했기 때문이다.

신약성경에서 베드로, 야고보, 바울 모두 시련을 통과하는 동안 특히 우리의 믿음이 단련 받게 된다고 강하게 말했다. 이처럼 불 시험을 통과한 뒤에야 최고급 금속으로 인정받을 수 있다. 예수님은 최후의 만찬에서 베드로가 머지않아 주님을 부인할 것이라고 경고하시면서 다음과 같이 말씀하셨다. "그러나 내가 너를 위하여 네 믿음이 떨어지지 않기를 기도하였노니"(눅 22:32). 임박한 고난과 베드로의 연약한 성정을 볼 때에 그가 위기의 순간에 실패하리라는 것은 불 보듯 뻔한 일이었다. 아무것도 그 일을 막을 수 없었다. 그럼에도 전혀 희망이 없는 것은 아니었다. 그에게는 돌이켜서 주님을 한 번 더 고백할 수 있는 길이 조건부로 열려 있었다. 그것은 그의 믿음이 떨어지지(약해지지/꺾이지/잃지) 않아야 했다는 것이다.

우리도 마찬가지이다. 견딜 수 없을 것 같은 고난의 때가 올 것이다. 우리도 베드로처럼 굴복하여 잠시 실패하게 될 수도 있다. 그러나 희망이 전혀 없는 것은 아니다! 돌이킬 수 있는 길이 있다. 조건은 한 가지, 우리의 믿음이 떨어지지 않게 해야 한다는 것이다. 그래서 믿음이 "불로 연단하여도 없어질 금보다" 훨씬 더 "귀하다"고 할 만한 것이다. 힘겨운 상황에도 믿음을 버리지 않는다면, 시험과 재앙의 때에 욥이 고백한 것처럼, 우리도 다음과 같이 고백할 수 있게 된다. "그러나 내가 가는 길을 그(하나님)가 아시나니 그가 나를 단련하신 후에는 내가 순금같이 되어 나오리라"(욥 23:10).

두 종류의 시험

마태복음 13장의 씨 뿌리는 자의 비유는 하나님의 말씀에 대한 네 가지 다른 종류의 반응을 묘사한 것이다. 먼저 길가에 떨어진 씨앗은 말씀을 조금도 마음에 받아들이지 않은 사람을 나타낸다. 그리고 좋은 땅에 뿌려진 씨앗은 말씀을 마음속에 받아들이고 믿음과 순종으로 끊임없이 열매 맺는 사람을 말한다. 그런데 이 두 부류 사이에 예수님은 두 가지 다른 종류의 사람을 언급하신다. 하나는 돌밭에 떨어진 씨앗이고, 다른 하나는 가시떨기 사이에 떨어진 씨앗이다. 둘 다 말씀을 마음속에 받아들이기는 했지만, 그 뒤에 좋은 열매를 맺는 데 필요한 조건을 충족시키지 못했다. 그러므로 이들은 하나님의 말씀을 받은 후에 임한 혹은 당하게 된 시험에 통과하지 못한 사람들이라고 말할 수 있다.

그렇다면 이 두 부류는 어떤 종류의 시험을 나타내는 걸까? 먼저 돌밭에 떨어진 씨앗부터 살펴보자. 예수님은 돌밭에 떨어진 씨에 해당하는 사람들에 대하여 이렇게 말씀하셨다.

> 돌밭에 뿌려졌다는 것은 말씀을 듣고 즉시 기쁨으로 받되 그 속에 뿌리가 없어 잠시 견디다가 말씀으로 말미암아 환난이나 박해가 일어날 때에는 곧 넘어지는 자요 (마 13:20-21)

예수님이 여기에서 사용하신 표현이 중요하다. 그분은 "만일에 환난이나 박해가 일어나면"이라고 말씀하시지 않았다. "환난이나 박해가 일어날 때에는"이라고 말씀하신다. 다른 말로 하면, 환난이나 박해는 하나님의 말씀을 받아들이는 모든 사람에게 언제든 반드시 일어나게 되어 있다는 것이다. 그러므로 우리의 질문은 이러한 환난이나 박해를 경험해야 하는지가 아니라, '변함없는 믿음으로 그러한 상황들을 이겨 낼 수 있게 우리의 성품이 형성될 것인가'이다. 이 일이 이루어지게 하려면 하나님의 말씀이 우리 마음 깊은 곳에 스며들어 모든 것이 그분의 뜻과 일치되도록 허락해 드려야 한다. 우리

내면에 하나님의 말씀을 삶에 적용하지 못하게 가로막는 "돌밭" 같은 곳이 있어서는 안 된다.

그렇다면 가시떨기 사이에 떨어진 씨앗은 무엇인가? 예수님은 이런 사람들에 대해 다음과 같이 말씀하셨다.

> 가시떨기에 뿌려졌다는 것은 말씀을 들으나 세상의 염려와 재물의 유혹에 말씀이 막혀 결실하지 못하는 자요 (마 13:22)

이런 유형의 사람들을 떨어뜨리는 시험은 환난이나 박해가 아니다. 오히려 정반대의 것, 곧 세상적인 염려와 재물이다. 명성이나 물질적 성공에 대한 압박감이 그들이 받은 하나님의 진리를 억누르는 것이다. 그러면 결국 그 진리가 그들의 삶에 아무런 영향력도 미치지 못하게 된다. 그리스도의 형상으로 변화되어야 할 그들이 오히려 그리스도를 거부하고 불신하는 세상과 하나가 되어 버리는 것이다.

쉽게 말해, 이 두 부류는 모든 믿는 자들이 겪을 수 있는 두 종류의 시험을 나타낸다고 말할 수 있다. 첫 번째 시험은 상황이 너무 힘겨울 때 임한다. 반면 두 번째 시험은 상황이 지나치게 편안하고 안락할 때 나타난다. 박해의 압박에 굴복하는 사람들도 있고, 물질적인 성공 앞에 무너지는 사람들도 있다는 것이다. 잠언에 이런 사람들에 대해 말씀하는 구절이 있다. 박해에 굴복하는 사람들에게 솔로몬은 이렇게 말한다. "네가 만일 환난 날에 낙담하면 네 힘이

미약함을 보임이니라"(잠 24:10). 또 성공 때문에 빗나간 사람들에게는 다음과 같이 말한다. "어리석은 자의 퇴보는 자기를 죽이며 미련한 자의 안일은 자기를 멸망시키려니와"(잠 1:32). 비극적인 것은 솔로몬 자신이 이 두 번째 범주에 속한 사람이었다는 사실이다. 하나님이 주신 모든 지혜에도 불구하고, 결국 그의 부와 번영이 그를 우롱하고 파멸시켰다.

반면 모세는 이 두 가지 시험을 모두 통과했다. 그는 바로의 유력한 후계자로 40년 동안 애굽 왕궁의 부와 사치를 누렸다. 그러나 성숙에 이른 뒤에는 그 모든 것을 버리고, 고독하고 실패한 것처럼 보이는 길을 선택했다. 히브리서는 이것을 다음과 같이 생생하게 묘사하고 있다.

> 믿음으로 모세는 장성하여 바로의 공주의 아들이라 칭함 받기를 거절하고 도리어 하나님의 백성과 함께 고난 받기를 잠시 죄악의 낙을 누리는 것보다 더 좋아하고 (히 11:24-25)

그 후 40년 동안 모세는 고통과 고난의 시험을 견뎠다. 그는 자기 백성으로부터 쫓겨나 광야 끝에서 장인의 양 떼를 치는, 세상적인 시각으로 볼 때 보잘것없는 존재가 되었다.

하지만 모세는 결국 이 두 가지 시험을 통과하여 80세의 나이에 하나님이 세우신 구원자요 백성의 지도자로 등장했다. 그리하여 그는 내가 앞서 언급한 야고보서 1장 4절 말씀의 놀라운 본이 되었다. "인내를 온전히 이루라 이는 너희로 온전하고 구비하여 조금도 부족함이 없게 하려 함이라."

두 사기꾼

러디어드 키플링[1]은 그의 유명한 시 "만일"에서 성공과 실패의 본질을 예리하게 꿰뚫어 보는 말을 한다.

> 만일 네가 승리와 재난을 마주치더라도,
> 이 두 사기꾼들을 똑같은 것으로 받아들일 수 있다면…

"승리와 재난"을 말하든 "성공과 실패"를 말하든, 키플링의 묘사는 정확하다. 둘 다 사기꾼이다. 둘 다 보이는 것과 다르며, 둘 다 영원하지도 않다.

다행스럽게도 우리에게는 이 두 사기꾼을 다루는 방법을 보여주시는 완전한 본이 계신다. 예수님만큼 이들과 철저하게 마주친 사람도 없고, 이들의 가식적인 주장을 실질적으로 드러내신 분도 없

편집자 주
1) 영국의 시인이자 소설가로, 1907년 노벨 문학상 수상자이며 우리에게 익숙한 《정글북》의 작가이다.

다. 그분은 무엇과도 견줄 수 없는 성공을 경험하셨다. 예수님이 예루살렘에 입성하실 때, 모든 무리가 겉옷을 벗어 가시는 길에 펼치며 그분을 하나님의 예언자로 맞아들였다. 마찬가지로 그분은 철저한 실패의 순간도 경험하셨다. 일주일 후, 동일한 무리가 예수님을 십자가에 못 박으라고 외쳐 댔고, 심지어 가장 친한 친구들과 추종자들도 그분을 버렸다. 하지만 예수님은 결코 성공에 마냥 기뻐하시지도, 실패에 낙담하시지도 않았다. 이 모든 상황 가운데 그분은 한 가지 지고(至高)한 목적으로 나아가셨다. 그것은 아버지의 뜻을 행하고 아버지께서 맡기신 사역을 끝마치는 것이었다. 흔들림 없이 추구한 이 한 가지 목적 때문에 예수님은 성공과 실패라는 두 가지 시험을 이겨 내실 수 있었다.

히브리서 기자는 먼저 온갖 시험을 믿음으로 이긴 구약의 성도들을 언급하면서 우리에게 도전한다. 그런 다음 예수님을 인내와 최종적인 승리의 완벽한 본으로 우리 앞에 제시한다.

> 이러므로 우리에게 구름같이 둘러싼 허다한 증인들이 있으니 모든 무거운 것과 얽매이기 쉬운 죄를 벗어 버리고 인내로써 우리 앞에 당한 경주를 하며 믿음의 주요 또 온전하게 하시는 이인 예수를 바라보자 그는 그 앞에 있는 기쁨을 위하여 십자가를 참으사 부끄러움을 개의치 아니하시더니 하나님 보좌 우편에 앉으셨느니라 (히 12:1-2)

이 권면을 받아들여 예수님을 우리의 본으로 삼으면, 그분이 진실로 우리 "믿음의 주요 온전하게 하시는 이"라는 것을 깨닫게 될 것이다. 우리 안에서 은혜로 일을 시작하신 분이 또한 그분의 은혜로 그 일을 완성하실 것이다. 그분의 승리는 우리에게 보증이 된다. 우리에게 요구되는 것은 오직 우리의 눈을 그분께 고정시키는 것뿐이다.

요약

성경은 우리의 믿음이 혹독한 시험을 당할 것이라고 분명하게 경고한다. 이 시험으로 그 믿음이 진짜라는 것을 검증하고 우리 안에 그리스도인의 강한 성품을 성장, 발전시켜야 한다.

바울은 이러한 시험이 가져오는 네 가지 결과를 다음과 같이 정리한다. 그것은 인내, 단련된 성품, 인격, 소망(선한 것에 대한 강하고, 평온하고, 확신에 찬 기대), 우리의 마음을 채우는 하나님의 사랑이다. 결국, 우리는 시험을 통해 하나님과의 관계 안으로 들어가서 오직 그분 안에서 최고의 만족을 발견하게 된다.

야고보와 베드로 모두 온전한 그리스도인은 반드시 환난을 경험하게 되어 있다고 가르쳤다. 베드로는 우리가 경험하고 견디는 이 시험을 정련공이 금을 정결케 하여 최고의 가치를 부여하는 데 사용하는 불에 비유하였다. 구약의 선지자들이 이스라엘을 다루시는 하나님의 모습을 묘사할 때에도 이 "불"이라는 말이 사용되었다.

바울, 야고보, 베드로 모두 환난의 목적을 이해하면, 그것을 기쁨으로 받아들이게 된다고 분명하게 말했다. 극심한 고난과 압박에 잠시 실패하더라도, 우리는 절대로 믿음을 버려서는 안 된다.

시험은 주로 두 가지 형태로 임하는데, 하나는 상황이 너무 힘겨울 때, 또 하나는 상황이 너무 편하고 안락할 때 임한다. 모세는 이 두 시험을 모두 견뎌내고 마침내 하나님이 세우신 이스라엘의 지도자로 등장하였다. 하지만 성공과 실패를 대하는 최고의 본을 보여 주신 분은 바로 예수님이시다. 예수님의 본을 따르면, 그분이 우리의 믿음을 온전히 성숙시켜 주신다.

Faith

Chapter 10

믿음의 분량

The Power of Faith
Entering into the Fullness of God's Possibilities

그리스도인의 믿음을 실제적으로 연구하려면, 바울이 가르친 "믿음의 분량"에 대해 살펴봐야 한다.

그러므로 형제들아 내가 하나님의 모든 자비하심으로 너희를 권하노니 너희 몸을 하나님이 기뻐하시는 거룩한 산 제물로 드리라 이는 너희가 드릴 영적 예배니라 너희는 이 세대를 본받지 말고 오직 마음을 새롭게 함으로 변화를 받아 하나님의 선하시고 기뻐하시고 온전하신 뜻이 무엇인지 분별하도록 하라 내게 주신 은혜로 말미암아 너희 각 사람에게 말하노니 마땅히 생각할 그 이상의 생각을 품지 말고 오직 하나님께서 각 사람에게 나누어 주신 믿음의 분량대로 지혜롭게 생각하라 우리가 한 몸에 많은 지체를 가졌으나 모든 지체가 같은 기능을 가진 것이 아니니 이와 같이 우리 많은 사람이 그리스도 안에서 한 몸이 되어 서로 지체가 되었느니라 우리에게 주신 은혜대로 받은 은사가 각각 다르니 혹 예언이면 믿음의 분수대로, 혹 섬기는 일이면 섬기는 일로, 혹 가르치는 자면 가르치는 일로, 혹 위로하는 자면 위로하는 일로, 구제하는 자는 성실함으로, 다스리는 자는 부지런함으로, 긍휼을 베푸는 자는 즐거움으로 할 것이니라 (롬 12:1-8)

바울은 12장을 "그러므로 형제들아 내가… 너희를 권하노니"라는 말로 시작한다. 성경에서 "그러므로"(therefore)와 마주치게 되면, 그것이 거기에서(there) 무엇에 대해(for) 말하는 것인지 찾을 필요가 있다고 한다. 여기에서는 바울이 로마서 1-11장에서 말한 모든 것을 가리킨다. 그는 1-8장에서 그리스도께서 십자가에서 죽으심으로 어떻게 죄와 그에 따르는 악한 결과들을 완전하고 철저하게 속죄하셨는지 설명했다. 그리고 9-11장에서는 옛 언약 아래 있는 하나님의 백성 이스라엘의 완고함과 무지 혹은 무분별, 그리고 그들을 향해 하나님이 지속적으로 보여 주신 한없는 은혜와 인내하심을 다루었다.

바울은 이처럼 유대인과 이방인을 향한 하나님의 자비를 설명한 후, 12장 1절에서 "그러므로"라고 말하는 것이다. 하나님이 우리를 위하여 행하신 모든 것을 볼 때에, 우리의 영적 또는 합당한(한글 킹제임스) 예배는 무엇일까? 하나님이 우리에게 요구하실 수 있는 가장 작은 것은 무엇인가? 바로 우리 "몸을 거룩한 산 제물"(1절)로 드리는 것이다. 우리 자신을 남김없이 철저하게 하나님의 제단 위에 바치는 것이다. 바울은 "산 제물"을 언급하면서 우리의 제사를 옛 언약 하에서 드리는 제사와 대비시키고 있다. 옛 언약 하에서는 먼저 짐승을 잡은 다음, 제단 위에 올려놓았다. 새로운 언약 아래에서는 각 사람이 자기 몸을 하나님께 철저하고 완전하게 바쳐야 하는데, 한 가지 다른 점은 우리 몸이 살아 있다는 것이다. 우리는 죽지 않고 살아서 계속 하나님을 섬긴다.

여기서 우리 몸을 하나님께 산 제물로 바친다는 것은 그분께 철저하게 내어 드리는 것을 말한다. 그러면 하나님의 뜻과 예비하심 안으로 들어가는 일련의 단계들이 열리게 된다. 첫 번째 단계는 삶의 모든 방식이 변화되기 시작하는 것이다. 우리는 "세상을 본받지" 않고 변화를 받게 된다(2절). 이러한 변화는 먹는 것, 입는 것, 즐기는 것과 같은 일들에 외적인 제재를 가함으로 나타나는 것이 아니다. 이것은 우리 마음의 내적 변화에서 시작된다. 우리의 "마음이 새롭게" 되어(2절) 우리의 태도와 가치, 우선순위 등 모든 영역이 바로잡히는 것이다.

바울은 로마서 8장 7절에서 다음과 같이 말했다. "육신의 생각은 하나님과 원수가 되나니 이는 하나님의 법에 굴복하지 아니할 뿐 아니라 할 수도 없음이라." 여기서 "육신의 생각"이란 죄와 반역의 결과로 나타난 자연스러운 사고방식을 의미한다. 이런 생각은 실제로 하나님을 적대한다. 사람들은 자기에게 중요하고 소중한 것을 결코 원수에게 드러내지 않는다. 하나님도 마찬가지이시다. 우리의 생각이 계속해서 하나님을 적대하는 한, 그분은 귀하고 놀라운 일들을 우리에게 드러내시지 못하게 된다. 그러나 내어 드림을 통해 우리의 생각이 하나님과 화해하게 되면, 더는 그분을 적대하지 않게 될 뿐만 아니라, 점차 성령으로 새로워지게 된다.

하나님은 새로워진 우리의 마음에 그분의 뜻, 곧 각 사람을 향한 그분의 특별한 계획을 보여 주실 수 있게 된다. 우리의 마음이 새로워질수록, 하나님의 뜻의 세 가지 측면이 순차적으로 드러난다. 첫 번째는 하나님의 뜻은 "선하다"는 것이다(롬 12:2). 우리는 하나님이 우리에게 선한 것만 바라신다는 것을 깨닫게 된다. 두 번째는 하나님의 뜻은 "받을 만하다"는 것이다(2절, 킹흠정역). 하나님의 뜻을 이해하면 할수록, 그것을 더 쉽게 기꺼이 받아들이게 된다. 세 번째는 하나님의 뜻은 "온전하다"는 것이다(2절). 그분의 뜻은 완전하고, 모든 것을 포용하며, 삶의 모든 영역을 온전하게 예비하시고 공급하신다.

이처럼 우리의 마음이 새롭게 되면, "자신에 대하여 마땅히 생각할 그 이상의 생각을 품지 않게 된다"(3절, 한글킹제임스). 교만하지 않으며, 자기의 유익을 구하거나 자기주장을 하지 않게 된다. 더 이상 허황된 생각이나 자기기만에 빠지지 않게 된다. 냉정하게 현실을 직시하고 "건전한 판단력"을 키우게 된다(3절, 한글킹제임스). "내 원대로 마시옵고 아버지의 원대로 되기를 원하나이다"라고 하신 예수님의 마음을 닮아가기 시작한다. 이제는 하나님의 계획과 목적이 우리의 계획이나 목적보다 더 중요해진다.

이것은 우리로 하여금 다음 사실을 깨닫게 한다. 그것은 하나님이 우리 각 사람에게 특정한 "믿음의 분량"을 주셨다는 것이다. 우리에게 얼마나 많은 믿음이 있어야 하는지는 우리가 결정하는 것이 아니다. 하나님이 이미 우리를 위해 그것을 측정하셨고 각 사람에게 필요한 분량을 나눠주셨다. 그러나 하나님은 어떤 기준으로 우리에게 얼마만큼의 믿음이 필요한지 측정하시는 걸까?

바울의 답은 그리스도의 몸이 어떻게 기능하는지를 설명하는 것이었다.

> 우리가 한 몸에 많은 지체를 가졌으나 모든 지체가 같은 기능을 가진 것이 아니니 이와 같이 우리 많은 사람이 그리스도 안에서 한 몸이 되어 서로 지체가 되었느니라 (롬 12:4-5)

바울은 그리스도인인 우리가 다같이 하나의 온전한 "몸"을 이루고 있다고 말한다. 그리고 각 사람은 이 몸의 특별한 지체로, 특정한 위치에서 특정한 역할과 기능을 하고 있다는 것이다.

바울은 고린도전서 12장 12-28절에서 이러한 몸과 지체의 개념을 조금 더 온전하게 설명하였다. 그는 다름 아닌 "하나님이 그 원하시는 대로 지체를 각각 몸에 두셨다"(18절)고 말한다. 이 몸 가운데 스스로 자기 위치나 역할, 기능을 선택할 수 있는 사람은 아무도 없다. 우리는 다만 하나님이 각 사람에게 정해 주신 위치를 발견하고 그 자리를 채울 뿐이다. 이미 살펴본 바와 같이 이렇게 하려면 "새롭게 된 마음"이 필요하다.

바울은 계속해서 한 몸의 지체인 우리가 상호 의존적이라는 사실을 언급한다. 우리에게는 서로가 필요하다. 우리 가운데 다른 지체를 무시하고 자기가 원하는 대로 해도 되는 사람은 아무도 없다. "눈이 손더러 내가 너를 쓸 데가 없다 하거나 또한 머리가 발더러 내가 너를 쓸 데가 없다 하지 못하리라"(21절). 머리는 가장 중요한 지체로, 그리스도를 상징한다(엡 4:15). 발은 몸의 맨 아래쪽에 있는 가장 낮은 지체이다. 하지만 머리는 발을 필요로 하며, 발 없이 살아갈 수 없다. 이러한 관점에서 바울이 왜 이 몸 가운데서 자기 위치를 발견하려면, 스스로를 지나치게 높이 평가하지 말고 냉정하게 현실을 직시하는 법을 배워야 한다고 했는지 조금 더 명확히 깨닫게 된다.

우리는 이 몸과 지체를 통해 바울이 말한 "믿음의 분량"이 무엇을 뜻하는지 이해할 수 있다. 우리 각 사람은 특정한 기능과 역할을 하는 이 몸의 지체이다. 우리가 각자의 역할을 수행하려면, 특정한 "믿음의 분량"이 필요하다. 그런데 지체마다 필요로 하는 믿음의 형태와 분량이 다르다. 눈에는 "눈의 믿음"이, 손에는 "손의 믿음"이, 발에는 "발의 믿음"이 필요하다. 이러한 믿음의 분량은 호환 가능한 것이 아니다. 손이 그 역할과 기능을 하게 만드는 믿음을 발이나 귀에 적용할 수는 없다. 지체마다 자기에게 합당한 특정 "믿음의 분량"이 있어야 한다.

일단 이 몸 가운데 하나님이 우리에게 정해 주신 위치를 발견했고 거기서 정해진 "믿음의 분량"을 가지고 역할과 기능을 하고 있다면, 그분이 우리를 위해 예비해 두신 다음 단계, 곧 그분의 은사들(헬라어로 '카리스마타')에 이를 준비가 된 것이다. "우리에게 주신 은혜대로 받은 은사가 각각 다르니 혹 예언이면 믿음의 분수대로"(롬 12:6). 바울은 예언뿐만 아니라 다른 여섯 가지 은사들, 곧 섬기는 일, 가르치는 일, 권면하는 일, 구제하는 일, 지도하는 일, 자비를 베푸는 일을 언급한다(7-8절, 한글킹제임스). 이것은 모든 은사들을 망라한 것이 아니라, 그 다양성을 보여 주기 위해서 선택한 것들일 뿐이다.

여기서 한 가지 중요한 원리가 확립된다. 그것은 이 몸 가운데 어디에 위치하고 어떤 역할을 하는지가 은사보다 우선한다는 것이다. 많은 그리스도인들이 은사와 사역에 지나치게 열중하고 있다. 그들은 자기가 선택한 특정 은사에 마음을 쏟는다. 그것들은 보통 치유나 기적을 일으키는 은사들, 사도적 혹은 복음 전도자적 사역과 같이 다소 극적이고 화려한 은사인 경우가 많다. 바울이 고린도전서 12장 31절에서 "더욱 큰 은사를 사모하라"고 말한 것은 사실이다. 그런데 여기서 중요한 것은 그가 어떤 것이 "더 큰 은사"인지를 말해 주지 않았다는 사실이다. 절대적인 기준은 없다. 은사의 가치는 이 몸 가운데 우리의 위치와 관련이 있다. 하나님이 내게 정해 주신 역할과 기능을 완수할 수 있게 하는 은사가 "더 큰 은사"이다.

자극적이고 화려한 은사에 지나치게 열중하는 그리스도인들은 "건전한 판단력"을 키우라(롬 12:3)는 바울의 경고를 귀담아듣지 않는 것이다. 우리가 먼저 해야 할 일은 어떤 은사를 원하는지 결정하는 것이 아니라, 그리스도의 몸 가운데 우리의 위치를 발견하는 것이다. 결국 이것이 우리가 그 자리에서 효율적으로 기능하기 위해 필요한 은사의 종류를 결정짓게 된다. 경험상 그리스도인이 자기의 위치와 역할의 문제를 해결하면, 보통은 필요한 은사들이 자연스럽게, 힘들게 노력하거나 수고하지 않아도 활동하기 시작한다.

이제 바울이 로마서 12장 1-8절에서 가르치는 내용을 정리해 보자. 하나님은 그리스도를 통하여 우리 각 사람에게 헤아릴 수 없는 은혜와 자비를 베풀어 주셨다. 우리가 이러한 은혜와 자비에 합당하게 반응하려면, 다음의 단계들을 순차적으로 통과해야 한다.

1. 먼저 우리 몸을 하나님께 "산 제물"로 드린다.
2. 이렇게 내어 드리는 행위를 통해 우리의 마음이 점차 성령으로 "새롭게 된다."
3. 우리 마음에서 일어나는 이러한 변화가 겉으로 드러나면서 삶의 모든 방식이 바뀌기 시작한다. 이처럼 우리는 "변화를 받게 된다."
4. 마음이 새로워지면, 우리의 삶을 향한 하나님의 뜻의 세 가지 측면이 순차적으로 드러나게 된다. 하나님의 뜻은 첫 번째로 "선하고", 두 번째로 "받아들일 만하며", 세 번째로 "온전하다"(롬 12:2).
5. 우리는 그리스도의 몸의 지체로서 하나님의 뜻대로 각자에게 꼭 맞는 위

치에 세워져 거기에서 각자의 기능과 역할을 수행할 수 있게 된다.

6. 그리하여 우리는 하나님이 이 몸 가운데 우리의 위치와 기능에 꼭 맞는 "믿음의 분량"을 주셨다는 것을 깨닫게 된다. 그분은 귀의 역할을 하는 자에게는 "귀"의 믿음을, 눈의 역할을 하는 자에게는 "눈"의 믿음을 주신다.

7. 우리가 세워진 위치에서 정해진 믿음의 분량으로 기능하면, 필요한 "은사들"이 활동하기 시작한다.

우리는 이 책 6장에서 "믿음은 들음에서 나며 들음은 그리스도의 말씀으로 말미암았느니라"(롬 10:17)는 말씀을 살펴보았다. 이 진리는 로마서 12장 3-5절 말씀, 곧 하나님이 우리 각 사람에게 그리스도의 몸 가운데 정해진 위치 및 역할과 직접적으로 관련된 특정 분량의 믿음을 나눠주셨다는 바울의 가르침과 어떻게 연결되는 걸까?

내 생각은 다음과 같다. "들음"은 그리스도인에게 비행기의 레이더와 같은 역할을 한다. 우리가 하나님의 레마, 즉 그분이 각 사람에게 개인적으로 주시는 특정한 말씀에 민감해질수록, 그리스도의 몸 가운데 각자에게 정해진 위치와 역할로 더 수월하고 확실하게 인도받게 될 것이다. 우리의 위치를 발견하는 것은 비행기가 활주로에 정확하게 착륙하는 것과 같다. "들음"은 하나님이 원하시는 곳으로 우리를 이끌어 주는 레이더이다. 그러므로 하나님의 레마가 새롭게 임할 때마다 지속적으로 그것에 귀 기울이면, 우리의 자리를 지키면서 효율적으로 역할과 기능을 할 수 있게 된다.

하나님이 각 사람에게 특정한 믿음의 분량을 주신다는 말을 우리의 믿음이 변하지 않는 정적인 상태로 있다는 의미로 받아들여서는 안 된다. 오히려 그리스도의 몸 가운데 제대로 그 역할과 기능을 수행할 수 있게 되면, 그만큼 믿음도 성장하게 된다. 효과적으로 기능하려면, 더 큰 믿음이 요구되는 것이다. 또한 역으로 믿음이 커지면 더욱 효과적으로 기능할 수 있게 된다. 하지만 믿음과 역할의 관계는 항상 고정적이다.

믿음은 종교라는 시장에서 사고팔 수 있는 물건이 아니다. 그것은 하나님과의 관계의 표현으로, 내어 드림을 통해 각 사람을 향한 하나님의 계획에 우리를 일치시킨 결과를 보여 준다. 우리가 지속적으로 하나님께 복종하고 순종하면, 우리의 믿음으로 그분이 정해 주신 위치에서 제 기능과 역할을 수행할 수 있게 된다. 이 믿음은 지극히 개인적인 것으로, 사람마다 특정한 분량을 할당받게 된다. "내" 믿음이 당신을 위해 역사하지 않고, "당신의" 믿음이 나를 위해 역사하지 않는다. 사람마다 그리스도의 몸 가운데 자기 역할에 꼭 맞는 "믿음의 분량"이 있어야 한다.

어리고 미성숙한 초신자 시절에 어느 성숙한 신자의 삶 가운데 드러난 믿음을 보고 깊은 감동을 받은 기억이 있다. 그는 주님을 위해 엄청난 희생을 하고 놀라운 성공을 거둔 사람이었다. 어느 날 나도 모르게 이렇게 말했다. "주님, 저런 믿음은 가질 수 없을 것 같아요." 갑작스럽게 주님이 분명하고 실질적으로 내게 응답하셨다. "너에게는 그런 믿음이 필요하지 않기 때문에 가질 수 없는 것이다. 나는 너에게 다른 사람이 행한 일을 하라고 요구한 적이 없다." 나는 그때 배운 이 교훈에 감사하고 있다. 하나님은 그분이 우리에게 수행하게 하시는 일에 합당한 믿음을 주신다.

나중에 사역하면서 이 교훈을 배우지 못한 것이 분명한 수많은 그리스도인들과 마주쳤다. 그들은 믿음 때문에 끊임없이 간구하며 몸부림치고 있었지만, 그럼에도 결코 충분해 보이지 않았다. 그들의 믿음과 하려고 하는 일이 일치하지 않았던 것이다. 나는 하나님이 그들에게 충분한 믿음을 주지 않으신 것이 아님을 확신하게 되었다. 그들의 믿음이 잘못된 방향을 향해 있었다. 그들은 하나님이 맡겨 주신 일이 아니라, 자신이 선택한 일에 그 믿음을 적용하고 있었다.

장갑을 끼고 걸으려 하는 발이나, 신발을 신고 제 일을 하려는 손을 상상해 보자. 분명 그 역할을 제대로 수행하지 못할 것이다. 발, 손, 장갑, 신발 중에는 잘못된 것이 하나도 없을 수도 있다. 저마다 훌륭하게 제 역할을 수행할 능력이 있을지도 모른다. 문제는 이들이 서로 잘못 연결되어 있다는 것이다. 신발을 신고 발의 역할을 하고 싶어 하는 손이나, 장갑을 끼고 손이 하는 일을 하려 하는 발은 어색하고 불편할 뿐만 아니라, 그 역할과 기능을 제대로 수행할 수도 없다. 하지만 손에 장갑을, 발에 신발을 신으면, 그 기능을 회복하여 성공적으로 자기 역할을 수행할 수 있게 된다. 하나님이 주시는 믿음도 이와 같다. 그것은 손에 낀 장갑이나 발에 신은 신발처럼, 그 자리에 있는 지체에게 꼭 맞는 믿음이다.

히브리서 기자는 유업에 들어가는 성도들에 대하여 다음과 같이 언급했다. "이미 믿는 우리들은 저 안식에 들어가는도다"(히 4:3). 믿음은 우리를 안식으로 이끌어 들여야 한다. 하나님이 우리에게 주신 유업 안에서 자기 위치를 발견했다면, 그 안에 있는 깊고 고요한 평강을 깨달아야 한다. 너무도 힘겨운 일이나 많은 압박과 반대가 있을 수도 있지만, 그 모든 것 가운데 내적인 평안이 있다. 끊임없이 노력하며 몸부림치고 있다는 것은, 하나님이 정해 주신 위치와 역할을 아직 발견하지 못했음을 시사하는 것일 수도 있다. 우리는 여전히 신발을 신은 손처럼 더듬거리고, 장갑을 낀 발처럼 걸려 넘어지고 있다.

히브리서 기자는 조금 더 나아가서 다음과 같이 말한다. "그러므로 우리가 저 안식에 들어가기를 힘쓸지니"(히 4:11). 힘쓴다는 것은 부지런해져야 한다는 말이다. 그리스도인의 삶에 게으름이나 안일함이 있어서는 안 된다. 그러나 우리가 무엇을 위해 부지런해야 하는지 그 목표를 이해할 필요가 있다. 무엇보다도 우리는 (힘써) 믿음을 얻어 내라는 권면을 받지 않았다. 유업 안에서 자기 위치, 그리스도의 몸 가운데 하나님이 우리에게 정해 주신 위치를 찾으라는 권면을 받았을 뿐이다. 이미 자기 자리를 찾는 데 성공했다면, 끊임없이 노력하거나 애쓰지 않아도 마치 발로 걷고 눈으로 보는 것처럼 제 역할을 수행할 수 있게 될 것이다.

요약

능력 있는 그리스도인의 섬김은 내어 드림, 곧 우리 몸을 하나님께 "산 제물"로 바침으로 시작된다. 결국 이것은 우리의 모든 사고방식에 변화를 가져온다. 우리의 마음은 "새롭게 되었다." 우리의 태도와 자세, 가치, 우선순위 등 모든 영역이 점차 바로 잡히게 된다. 하나님의 계획과 목적이 우리의 계획과 목적보다 우선하게 된다.

마음이 새로워지면, 자기 자신과 다른 그리스도인들을 한 몸의 지체들로 볼 수 있게 된다. 우리의 우선순위는 그 몸 가운데 하나님이 우리에게 맡겨 주신 위치를 발견하고 그 역할을 수행하는 것이다. 이것에 성공하면, 우리의 위치와 역할에 필요한 "믿음의 분량"을 각 사람에게 주셨음을 알게 된다.

우리가 맡겨진 위치에서 주어진 믿음으로 자기 역할을 감당하면, 가장 필요로 하는 특별한 은사들(카리스마타)을 사용할 수 있게 된다. 이것이 우리의 "더 큰 은사"이다. 하지만 지속적으로 믿음이나 은사를 얻고자 노력하고 있다면, 그것은 그리스도의 몸 가운데 우리에게 맡겨진 위치와 역할을 아직 발견하지 못했음을 시사하는 것일 수도 있다. 이미 자기 자리를 발견했다면, 각자의 역할과 믿음과 은사들 가운데 하나님의 주신 조화와 균형이 나타나게 된다.

Faith

우리가 먼저 해야 할 일은 받고 싶은 은사가 무엇인지 결정하는 것이 아니라, 그리스도의 몸 가운데 자기 위치를 발견하는 것이다.

Faith

Chapter 11

믿음은 타락을 되돌린다

THE POWER OF FAITH
ENTERING INTO THE FULLNESS OF GOD'S POSSIBILITIES

마지막으로 또 다른 각도에서 이 믿음이라는 주제에 접근해 보려 한다. 우리는 하나님이 주셔서 우리의 삶 가운데 역사하게 하신 성경적인 믿음이 타락의 결과들을 되돌린다는 사실을 깨닫게 될 것이다.

성경은 사람이 완전하게 창조되었지만, 하나님께 범죄함으로 그 상태에서 벗어나게 되었다고 말씀한다. 하지만 하나님은 인간을 타락한 상태로 내버려 두지 않으셨다. 오히려 성경에서는 그때부터 구속이라는 위대한 주제가 펼쳐진다. 이것은 하나님이 어떻게 그리스도의 십자가 죽음으로 사람을 다시 사시는지, 곧 어떻게 그 사람의 본성과 길을 변화시키셔서 그분의 본래 목적과 뜻으로 이끄시고 회복시키시는지에 관한 이야기이다. 이 회복의 과정에서 가장 중요한 것이 바로 믿음이다. 다른 말로 하면, 믿음을 사용함으로 나타나는 구속적인 영향력이 타락의 결과들을 되돌려 놓는다는 것이다.

믿음, 말 그리고 창조성

믿음이 어떻게 타락을 되돌려 놓는지 이해하려면, 사람의 본성과 그를 타락으로 이끈 단계들, 그리고 그가 굴복한 유혹의 본질을 살펴봐야 한다. 하나님이 창조하신 사람의 본래 모습은 창세기 1장 26절에 나타나 있다. "하나님이 이르시되 우리의 형상을 따라 우리의 모양대로 우리가 사람을 만들고." 성경에서 이 주제를 따라가다 보면, 하나님과 사람 사이의 닮은 모습(모양)에는 다양한 측면이 있다는 것을 발견하게 된다.

여기에서는 하나님의 본성 가운데 한 가지 측면에만 집중하려고 한다. 이것은 거의 언급되지 않지만, 지극히 중요한 속성이다. 사람에게도 그와 비슷한 속성이 있는데, 바로 믿음을 사용하는 혹은 발휘하는 능력이다. 앞부분에서 간단하게 언급한 바와 같이 믿음은 하나님의 영원한 속성 중 하나이다. 그분의 창조 능력은 그분의 믿음에서 비롯된 것이다. 하나님은 모든 일을 믿음으로 행하신다. 뿐만 아니라, 하나님의 믿음은 그분이 하시는 말씀으로 표현된다. 하나님의 말씀은 그분의 믿음의 통로이며 창조 능력을 펼치는 수단이 된다.

에스겔 12장 25절은 말씀 가운데 강력하게 역사하는 하나님의 믿음의 능력을 보여 준다. 주님은 다음과 같이 선포하셨다. "나는 여호와라 내가 말하리니 내가 하는 말이 다시는 더디지 아니하고 응하리라.' "나는 여호와라"는 표현은 이어지는 말씀이 하나님의 변치 않는 속성인 영원성의 일부임을 보여 준다. 하나님이 말씀하시면, 그 일이 이루어진다. 이것이 바로 하나님의 말씀 가운데 나타난 그분의 믿음이다.

히브리어에는 하나님과 그분의 말씀의 이러한 속성을 선명하게 보여 주는 특성이 있다. 구약성경 히브리어에는 "말씀"으로도, "물건, 물질"로도 번역할 수 있는 "다바르"(dabar)라는 말이 있다. 어떻게 번역하는 게 더 나은지는 상황 혹은 문맥에 따라 결정된다. 두 가지 의미가 다 나타나는 경우도 적지 않다. 우리는 이것을 통해 하나님의 말씀이 물질이라는 것을 깨달을 수 있다. 하나님이 믿음으로 말씀하시면, 그 말씀은 물질이 된다는 것이다.

우리는 6장에서 신약성경에 사용된 헬라어 '레마'도 이와 동일하다는 것을 살펴보았다. 하나님의 믿음으로 선포되어 나오는 말씀, 곧 레마에는 무엇이 선포되든 그것을 성취할 수 있는 능력이 내재되어 있다.

히브리서 11장 3절은 온 우주가 하나님의 말씀에 나타난 믿음의 창조 능력으로 존재하게 되었다고 말씀한다. "믿음으로 모든 세계가 하나님의 말씀으로 지어진 줄을 우리가 아나니 보이는 것은 나타난 것으로 말미암아 된 것이 아니니라." 믿음은 눈에 보이는 온 우주 이면에 있는 지고(至高)의 존재, 보이지 않지만 모든 것의 시작이 되는 하나님의 말씀을 분별해 낸다. 이처럼 우리의 믿음은 하나님의 믿음의 역사를 인식한다.

우리는 3장에서 믿음의 은사를 다루면서 하나님이 선포하신 말씀으로 이러한 창조가 일어나는 과정을 생생하게 묘사한 다윗의 시편 33편을 살펴보았다.

> 여호와의 말씀으로 하늘이 지음이 되었으며 그 만상을 그의 입 기운으로 이루었도다… 그가 말씀하시매 이루어졌으며 명령하시매 견고히 섰도다 (시 33:6,9)

창세기 1장 3절은 이 과정이 어떻게 이루어졌는지 구체적인 예로 보여 준다. "하나님이 이르시되 빛이 있으라 하시니 빛이 있었고." 하나님께서 "빛"이라고 말씀하시자, "빛"이라는 물질이 생겼다. 하나님이 하신 말씀이 물질이 되어 나타난 것이다.

그리하여 우리는 믿음에 대한 세 가지 결론에 도달하게 되는데, 이것들을 통해 믿음의 독특한 능력과 중요성을 이해할 수 있다. 첫째, 믿음은 하나님의 영원한 속성 중 하나이다. 둘째, 믿음은 우주를 존재하게 만든 하나님의 창조 능력이다. 셋째, 하나님의 믿음은 그분이 하시는 말씀으로 표현되고 역사하게 된다.

하나님은 믿음을 사용할 수 있는 존재로 사람을 창조하셨다. 그러므로 우리 안에도 믿음과 관련된 두 가지 능력이 있는데, 바로 창조하는 능력과 말하는 능력이다. 이 두 가지 능력을 사람과 하나님이 공유하고 있다는 것과, 이것이 사람과 동물의 차이점이라는 것은 대단히 중요한 사실이다.

사람에게는 바로 이 창조 능력이 있다. 우리는 없는 것을 마음속에 그린 다음, 그것을 설계하여 존재하게 만들 수 있다. 이것이 사람과 모든 동물의 차이점이다. 예를 들어 새는 복잡하게 얽히고 설킨 둥지를 만들어 낼 수 있지만, 그것은 본능에 의한 것이다. 새는 존재하지 않는 것을 마음속에 그리고 구상하여 존재하게 할 수 없다. 하지만 사람은 그 일을 할 수 있다. 이런 의미에서 사람은 지속적으로 창조하고 있는 것이다.

사람의 창조 능력과 관련된 것이 말하는 능력이다. 이 능력이 없으면, 결코 창조적인 목적이나 뜻을 나타낼 수 없게 된다. 동물에게는 지적이고 논리 정연한 말을 주고 받을 수 있는 능력이 없다. 이것은 하나님을 닮은 사람만의 특징이다.

이것을 통해 우리는 사람이 본래 하나님의 세 가지 속성, 곧 믿음을 사용하는 능력, 창조하는 능력, 말하는 능력을 가진 존재로 창조되었음을 깨닫게 된다.

믿음을 공격하는 사탄

사람에게 믿음을 사용하는 능력을 나눠주신 하나님은 우리에게 그것을 사용하라고 요구하신다. 따라서 그분은 사람을 창조하실 때, 믿음이 필요한 상황 속에 두셨다. 성경은 인격이신 하나님이 아담과 함께 에덴동산에 계속 머물러 계셨다고 말씀하지 않는다. 하나님은 그분의 임재 대신 그분의 말씀을 남겨 주셨다. 1장에서 믿음이 우리를 보이지 않는 두 가지 실재, 곧 하나님과 그분의 말씀에 연결시켜 준다는 것을 살펴보았다. 아담이 경험하고 누린 것이 바로 이와 같은 관계였다. 그는 하나님과 직접 대면할 수 있었지만, 그분이 더 이상 인격으로 동산 가운데 임재하시지 않으면, 남겨 놓으신 말씀을 통해 그분께 나아가야 했다.

창세기 2장 15-17절에는 다음과 같이 기록되어 있다.

> 여호와 하나님이 그 사람을 이끌어 에덴동산에 두어 그것을 경작하며 지키게 하시고 여호와 하나님이 그 사람에게 명하여 이르시되 동산 각종 나무의 열매는 네가 임의로 먹되 선악을 알게 하는 나무의 열매는 먹지 말라 네가 먹는 날에는 반드시 죽으리라 하시니라

16-17절은 하나님이 실제로 아담에게 하신 말씀이다. 이것을 허락, 금지, 경고의 세 부분으로 나눌 수 있는데, 먼저 허락은 다음과 같다. "동산 각종 나무의 열매는 네가 임의로 먹되"(16절). 둘째로 금지는 "선악을 알게 하는 나무의 열매는 먹지 말라"(17절)는 것이었으며, 마지막으로 경고는 "네가 먹는 날에는 반드시 죽으리라"(17절)는

것이었다. 이것이 하나님이 아담에게 주신 세 가지 말씀이었다.

아담이 하나님의 말씀을 통해 그분과 바른 관계에 머물러 있는 동안에는 복을 받고 안전했다. 사탄이 그에게 손을 댈 수 없었다. 그러나 사탄은 하나님과 사람 사이를 이간하여 그분의 축복을 빼앗기로 결심했다. 간교한 사탄은 하나님과 아담의 관계에 직접적으로 도전하지 않았다. 오히려 아담에게 주신 하나님의 말씀을 무너뜨리려 했다. 게다가 그는 "더 연약한 그릇"(벧전 3:7)인 하와를 통해 아담에게 접근했다.

사탄과 하와가 처음으로 마주치는 장면은 창세기 3장에 묘사되어 있다.

> 그런데 뱀은 여호와 하나님이 지으신 들짐승 중에 가장 간교하니라 뱀이 여자에게 물어 이르되 하나님이 참으로 너희에게 동산 모든 나무의 열매를 먹지 말라 하시더냐 여자가 뱀에게 말하되 동산 나무의 열매를 우리가 먹을 수 있으나 동산 중앙에 있는 나무의 열매는 하나님의 말씀에 너희는 먹지도 말고 만지지도 말라 너희가 죽을까 하노라 하셨느니라
> (창 3:1-3)

사탄은 하와를 속이는 전략을 사용하면서 직접적으로 하나님의 말씀을 부인하지는 않았다. 다음과 같은 질문을 던졌을 뿐이었다. "하나님이 참으로 너희에게… 하시더냐?" 나는 하와가 이러한 의

문을 품는 순간 싸움에서 진 것이라고 생각한다. 하나님과의 바른 관계를 유지하려면, 우리가 귀 기울이지도, 받아들이지도 말아야 할 몇 가지 질문들이 있다. 하지만 하와는 자기의 판단을 신뢰했다. 그녀는 동산 안에서 자기에게 접근한 지혜롭고 매력적인 뱀을 상대할 수 있을 거라고 생각했다. 그녀가 저지른 죄의 근원은 자기 과신이었다.

사탄의 다음 전략은 창세기 3장 4절에 기록되어 있다. "뱀이 여자에게 이르되 너희가 결코 죽지 아니하리라." 첫 번째 의문을 마음에 품은 하와에게는 더 이상 유혹에 대항할 힘이 없었다.

하지만 사탄의 전략은 아직 완성된 것이 아니었다. 그의 최종 목적을 이해하려면, 5장에서 살펴본 두 가지 결론을 기억해야 한다. 첫째, 참된 믿음의 궁극적인 대상은 하나님이시다. 인격이신 하나님을 신뢰하는 마음을 잃어버리면, 결국 그분의 말씀도 신뢰하지 못하게 된다. 혹은 정반대의 상황이 벌어질 수도 있다. 하와와 마찬가지로 하나님의 말씀을 믿지 못하면, 그분을 신뢰하는 마음도 잃어버리게 되어 있다. 둘째, 하나님의 선하심과 지혜, 그리고 공급하시고 예비하시는 능력을 절대적으로 믿는다면, 결코 죄를 범하지 않게 된다.

사탄은 이러한 원리들에 기초하여 행동했다. 이미 그는 하나님의 말씀에 대한 하와의 믿음을 무너뜨리는 데 성공한 상태였다. 이제 그는 나아가 하나님에 대한 그녀의 믿음을 무너뜨리려 한다. 사탄은 다음과 같이 말하면서 이 일을 성취했다. "너희가 그것을 먹는 날에는 너희 눈이 밝아져 하나님과 같이 되어 선악을 알 줄 하나님이 아심이니라"(창 3:5).

문맥을 살펴보면, 사탄은 아담과 하와를 향한 하나님의 의도를 불신하게 만드는 것을 목표로 삼고 있음을 알 수 있다. 그의 말에 의하면, 하나님은 그들을 무지 가운데 부당한 열등감에 가두어 두려 하는 독재자요 폭군이었다. 이를테면, 그는 하나님을 다음과 같이 비난하고 있는 것이다. "하나님이 정말로 너를 사랑한다고 생각하니? 그분이 너와의 교제를 원하신다고? 그렇지 않아. 하나님은 너를 통제하고 다스리려고 동산 안에 가두어 두신 거야. 너는 노예에 불과한 존재야. 만일 네가 저 나무의 열매를 먹는다면, 상황이 달라질 거야! 더 이상 하나님을 의지할 필요가 없어. 너희가 하나님과 같이 될 거야."

이것이 하와와 하나님의 관계를 파괴한 최후의 일격이었다. 그녀는 이미 하나님의 말씀에 대한 신뢰를 잃어버렸고, 이제는 그분에 대한 신뢰를 내려놓았다. 하와는 사방에 가득한 하나님의 사랑과 선하심의 증거 대신 사탄이 보여 주는 어둡고 냉소적인 하나님의 모습을 받아들이기 시작했다. 그것은 하와와 그의 남편을 실제 잠재력과 가능성에 훨씬 못 미치는 열등한 상태로 가둬 두려 하는 독재 군주의 모습이었다. 그녀는 금지된 열매를 먹으면, 하나님과 동등해지는 본질적인 잠재력이 즉시 풀어질 것이라는 사탄의 거짓말을 믿었다! '하나님과 같이 되려는 열망보다 더 높은 뜻은 없다'고 판단한 것이다.

창세기 3장은 하와의 굴복에 대해 다음과 같이 기록한다.

> 여자가 그 나무를 본즉 먹음직도 하고 보암직도 하고 지혜롭게 할 만큼 탐스럽기도 한 나무인지라 여자가 그 열매를 따 먹고 자기와 함께 있는 남편에게도 주매 그도 먹은지라 (6절)

여기서 핵심 단어는 "본즉"이다. 하와는 "그 나무를 보았다." 이것은 다른 영역, 차원으로의 전환을 암시한다. 바로 이 시점에 하와는 보이지 않는 하나님과 그분의 말씀의 영역에 관한 믿음을 버렸다. 대신 그녀가 보이는 것에 이끌리게 되었다. 자신의 육신적인 감각을 의지하기 시작했다. 그녀는 믿음의 영역에서 감각의 영역으로 내려오게 되었다.

유혹의 본질

하와는 이렇게 낮은 차원에서 나무의 세 가지 특징에 매료되었다. 그것은 먹음직하고, 보암직했으며, 지혜롭게 할 만큼 탐스러웠다. 이것은 사도 요한이 언급한 유혹의 기본적인 특징과 일치한다.

이 세상이나 세상에 있는 것들을 사랑하지 말라 누구든지 세상을 사랑하면 아버지의 사랑이 그 안에 있지 아니하니 이는 세상에 있는 모든 것이 육신의 정욕과 안목의 정욕과 이생의 자랑이니 다 아버지께로부터 온 것이 아니요 세상으로부터 온 것이라 (요일 2:15-16)

감각적인 세상을 구성하는 세 가지 요소를 하나님은 다음과 같이 표현하신다. 그것은 육신의 정욕과 안목의 정욕 그리고 이생의 자랑이다. 성경에서 "정욕"은 보통 왜곡되어 위험해진 강한 욕망을 뜻한다. 이것은 하나님의 의의 기준에 굴복하지 않는다. 사도 요한이 여기서 언급한 처음 두 가지 형태의 유혹은 육신적인 감각을 통해 사람에게 영향을 끼치는 탐욕스러운 갈망이다. 세 번째 유혹은 사람의 자아, 곧 혼에 호소한다. "이생의 자랑"은 하나님을 의지해야 한다는 것을 인정하지 않고 자기를 높이려는 내적 욕구이다. 이것은 다음과 같은 말에서 드러난다. "내 인생은 내가 알아서 할게. 나는 하나님을 의지할 필요가 없어. 왜 내가 열등한 존재여야 하지?"

광야에 계실 때, 예수님은 사탄에게 다음의 세 가지 시험(유혹)을 받으셨다(눅 4:1-13). 사탄은 먼저 그분께 돌로 떡을 만들어 보라고 유혹했다. 이것은 육신의 정욕의 시험이었다. 이어서 그는 예수님께 세상 모든 왕국의 능력과 영광을 보여 드렸는데, 이것은 안목의 정욕의 시험이었다. 마지막으로 성전 꼭대기에서 뛰어내려 기적을 일으키게 함으로, 아버지의 뜻에 복종하거나 그분의 영광을 구하는 것이 아니라 자신의 영광을 드러내도록 유혹했다. 이것은 이생의 자랑의 시험이었다.

아담이 받은 유혹과 고린도전서 15장 45절에서 마지막 아담이라 불리신 예수님이 받은 유혹을 비교해 보면, 몇 가지 흥미로운 점을 발견하게 된다. 아담은 하나님이 사랑으로 마련해 주신 것들로 가득한 아름다운 동산에서 유혹을 받았다. 반면 예수님은 메마른 광야에서 들짐승과 함께 지내시다가 유혹을 받으셨다(막 1:13). 또 아담은 선악과를 먹음으로 유혹에 넘어갔지만, 예수님은 금식하심으로 유혹을 이기셨다. 여기에는 심오한 의미가 있다!

사탄이 하와와 마주치는 장면으로 돌아가 보자. 이 나무에도 세 가지 기본적인 유혹의 형태가 있었다. 선악과는 그녀의 식욕에 호소했다. 바로 육신의 정욕이다. 또한 그녀의 눈, 곧 관심을 끌었다. 안목의 정욕이다. 마지막으로 그녀를 지혜롭게 해 주어 하나님으로부터 독립하여 살아가게 해 주겠다는 약속으로 그녀의 자아에 호소했다. 이것은 이생의 자랑이다.

본질적으로 죄란 어떤 잘못을 저지르는 것이 아니다. 죄는 하나님으로부터 독립하려는 욕망이다. 우리 안에서 이러한 욕망이 일어날 때마다 영적으로 위험한 상황에 처하게 된다. 하와는 지식, 곧 선과 악을 아는 지식으로 독립을 쟁취하려 했다. 많은 이들이 이 지식을 통해 하나님으로부터 독립하려 한다. 이 외에도 부나 명성, 권세도 있다. 하지만 이 모든 것 가운데 가장 교묘한 것이 바로 종교이다. 우리는 지나치게 종교적이 되어 더 이상 하나님을 필요로 하지 않게 될 수도 있다.

하와는 독립에 대한 강한 욕망에 이끌려 하나님의 말씀이 아니라 자신의 감각을 신뢰하게 되었다. 그리하여 나무의 3중 유혹에 신속하게 굴복하여 그 열매를 따 먹고 말았다. 그런 다음 남편을 꾀어 같은 일을 저지르게 만들었고, 두 사람 모두 불순종으로 하나님과 멀어지게 되었다.

앞서 살펴본 창세기 3장 1-6절 내용을 통해 유혹의 본질을 정리하면 다음과 같다. 하나님과 그분의 말씀이라는 보이지 않는 영역에 대한 믿음은 사람의 본래 모습이며 자연스러운 것이다. 반면 불신은 왜곡되고 비정상적인 것이다. 유혹은 사람을 하나님과 그분의 말씀에 대한 자연스러운 믿음에서 멀어지게 할 수 있다. 그것은 육신적인 감각으로 사람을 꾀어낸다. 그 근원까지 거슬러 올라가 보면, 모든 유혹은 하나님을 불신하도록 부추긴다. 하나님으로부터 독립하려는 욕망을 일으킨다. 그리하여 유혹에 굴복하게 되면, 결국 하나님께 불순종하게 된다.

믿음은 해독제다

믿음은 유혹과는 정반대로 역사한다. 자기의 감각을 신뢰하지 말라고, 하나님으로부터 독립하여 스스로를 높이려는 이기적인 야욕을 버리라고 요구한다. 또한 믿음은 보이지 않는 영역, 곧 하나님과 그분의 말씀의 탁월성을 다시 한번 확인하며 자기를 낮추고 그분에 대한 신뢰를 인정하라고 요구한다. 이처럼 믿음은 타락의 결과를 되돌려 하나님과 본래의 관계를 회복할 수 있게 길을 열어 준다.

믿음을 요구하시는 하나님과 감각을 통해 인식한 것들, 대립하는 이 두 세력 사이에서 사람은 궁지에 몰리게 된다. 하박국 2장 4절은 이 두 세력을 다음과 같이 묘사한다. "보라 그의 마음은 교만하며 그 속에서 정직하지 못하나 의인은 그의 믿음으로 말미암아 살리라." 이미 살펴본 대로, 이 구절 하반절은 신약성경에 세 차례나 인용되어 행위가 아니라 믿음으로 의롭게 된다는 성경적 기초를 제공한다. 하지만 상반절과 하반절을 대조하여 서로 대립하는 것으로 보아야 이 어려운 상황을 전체적으로 살펴볼 수 있다.

전반절은 하나님께 반역하는 사람의 혼에 대해 묘사하고 있다. 히브리어 원문의 의미는 다음과 같다. "보라, 그의 혼은 우쭐대고 있으니, 그 안에 정직함이 없다." 이것은 요한이 "이생의 자랑"(요일 2:16)이라 부른 것과 일치한다. 이 부분을 다음과 같이 의역할 수 있다. "자기를 높이는 혼은 왜곡된다." 자기를 높이려 하는 사람의 자아는 하나님과 그분의 말씀을 거절하고 자기의 감각을 신뢰하여 그분으로부터 독립하고 싶어 한다.

하반절은 정반대의 선택을 묘사하고 있다. 믿음을 자기 삶의 기초로 삼은 사람은 하나님 앞에서 자기를 낮추어 그분의 말씀을 기준으로 받아들이고 자기 자신과 감각을 신뢰하지 않는다. 감각은 독립적이며 자기를 높이려 하는 우리의 자아에 호소하지만, 믿음은 사람의 자아를 낮춘다. 그러면서 다음과 같이 말한다. "우리는 독립적인 존재가 아니다. 하나님을 의지해야 한다. 우리의 감각들은 그것이 하나님의 말씀과 일치할 때에만 신뢰할 수 있다. 옳고 그름, 참과 거짓의 최종적인 기준은 우리의 감각이 말해 주는 것이 아니라, 하나님의 말씀이다."

이처럼 믿음은 타락의 근원을 차단한다. 타락은 인간을 감각의 영역의 포로로 만들어 버린다. "여자가 그 나무를 본즉 먹음직도 하고"(창 3:6). 또 타락은 사람의 자아를 높인다. "너희가… 하나님과 같이 되어"(5절). 하나님이 기뻐하시는 의의 삶을 살아가려면, 자기를 높이는 모든 것을 원상태로 돌려놓아야 한다. 어떻게 그렇게 할 수 있을까? 믿음의 원리로 그렇게 할 수 있다. 믿음은 감각의 영역과 자기를 높이고 자랑하는 혼의 교만을 거부한다.

바울은 로마서 3장 27절에서 참된 믿음은 교만과 양립할 수 없다고 말했다. "그런즉 자랑할 데가 어디냐 있을 수가 없느니라 무슨 법으로냐 행위로냐 아니라 오직 믿음의 법으로니라." 독립적이며 자기를 높이는 이기주의에 빠질 가능성이 있는 종교적인 느낌이나 행위는 결코 성경적인 믿음의 표현이 아니다.

우리에게는 두 가지 삶의 길이 있다. 하나는 하나님을 의지하지 않고 자기 자신과 감각을 신뢰하는 것이다. 다른 하나는 자기 자신과 감각에 대한 신뢰를 버리고, 감각으로 이해할 수 없는 존재, 하나님과 그분의 말씀을 신뢰하는 것이다. 믿음은 우리를 자아와 감각의 영역으로부터 멀리 떨어뜨려 하나님과 그분의 말씀을 신뢰하는 것이 기초가 되는 의의 원리로 회복시킨다. 오직 이 의를 통해 우리는 하나님이 기뻐하시는 삶을 살아갈 수 있다.

믿음은 타락의 해독제이다.

요약

믿음은 하나님의 영원한 성품 중 하나이다. 하나님은 믿음으로 선포된 말씀을 통해 온 우주를 창조하셨다. 하나님의 형상을 닮은 사람에게도 그분의 속성 세 가지가 있다. 그것은 믿음을 사용하는 능력, 말하는 능력, 그리고 창조하는 능력이다.

하나님은 믿음을 사용할 수 있는 존재로 사람을 창조하셨다. 그리고 그렇게 해야 하는 상황 가운데 사람을 두셨다. 아담은 에덴동산에서 항상 인격이신 하나님을 직접 대면한 것은 아니었다. 그는 하나님이 남겨 주신 허락, 금지 그리고 경고의 말씀을 통해 그분께 나아갔다.

사탄은 하나님과 아담을 멀리 떨어뜨리기 위해 "더 연약한 그릇"인 하와를 통해 간접적으로 아담에게 접근했다. 그는 하나님의 말씀에 대한 하와의 신뢰를 무너뜨리기 시작했다. 먼저 의문을 품게 한 다음, 그것을 직접적으로 부인했다. 사탄은 나아가 그들이 열등한 위치에 남아 있을 필요가 없을 뿐만 아니라, 선악의 지식을 얻음으로 하나님과 동등해질 수 있다고 말함으로 하나님에 대한 그녀의 신뢰를 무너뜨렸다. 이처럼 하나님으로부터 독립하려는 내면의 열망은 우리를 죄로 이끈다.

이렇게 하여 하와는 보이지 않는 영역, 곧 하나님과 그분의 말씀에 대한 신뢰를 저버리게 되었다. 대신 그녀는 감각의 영역으로 내려오게 되었다. 금단의 나무를 통해 하와는 세 가지 기본적인 유혹과 마주쳤다. 그것은 육체의 정욕, 안목의 정욕 그리고 이생의 자랑이었다. 낮은 감각의 영역에서 기능하게 된 하와는 더 이상 나무의 매력에 저항하지 못하고 결국 유혹에 굴복하여 남편도 동일한 일을 저지르게 만들었다.

믿음은 사람을 타락시킨 유혹의 과정을 뒤집는다. 자기의 감각을 신뢰하는 것과 하나님으로부터 독립하여 스스로를 높이려는 열망을 버리게 만든다. 또한 하나님과 그분의 말씀이라는 보이지 않는 영역에 대한 신뢰를 다시 회복하라고 요구한다. 사람의 운명은 이러한 믿음의 요구에 어떻게 반응하느냐에 따라 결정된다.

순전한나드 도서목록

번호	도서명	저자	가격
1	존 비비어의 승리〈개정판〉	존 비비어	12,000
2	교회를 뒤흔드는 악령을 대적하라	프랜시스 프랜지팬	5,000
3	교회를 어지럽히는 험담의 악령을 추방하라	프랜시스 프랜지팬	5,000
4	그리스도인의 삶의 비결〈개정판〉	진 에드워드	9,000
5	존 비비어의 친밀감〈개정판〉	존 비비어	16,000
6	내게 신선한 기름을 부으셨나이다	허 철	9,000
7	내어드림〈개정판〉	프랑소와 페늘롱	7,000
8	더 넓게 더 깊게	메릴린 앤드레스	13,000
9	존 비비어의 축복의 통로〈개정판〉	존 비비어	8,000
10	부서트리고 무너트리는 기름부으심	바바라 J. 요더	8,000
11	사도적 사역	릭 조이너	12,000
12	사사기	잔느 귀용	7,000
13	상한 마음을 치유하는 기도	마크 & 패티 버클러	15,000
14	상한 영의 치유1	존 & 폴라 샌드포드	17,000
15	상한 영의 치유2	존 & 폴라 샌드포드	12,000
16	여정의 시작	릭 조이너	13,000
17	영광스러운 교회에 보내는 메시지 1	릭 조이너	10,000
18	영분별〈개정판〉	프랜시스 프랜지팬	4,000
19	영적 전투의 세 영역〈개정판〉	프랜시스 프랜지팬	11,000
20	예레미야	잔느 귀용	6,000
21	예수 그리스도와의 친밀함	잔느 귀용	9,000
22	예수님을 닮은 삶의 능력〈개정판〉	프랜시스 프랜지팬	12,000
23	예수님을 향한 열정〈개정판〉	마이크 비클	12,000
24	잔느 귀용의 요한계시록〈개정판〉	잔느 귀용	13,000
25	인간의 7가지 갈망하는 마음	마이크 비클 & 데보라 히버트	11,000
26	저주에서 축복으로	데릭 프린스	6,000
27	주님, 내 마음을 열어 주소서	캐티 오츠 & 로버트 폴 램	9,000
28	지구상에서 가장 강력한 기도	피터 호로빈	7,500
29	축사사역과 내적치유의 이해 가이드	존 & 마크 샌드포드	22,000
30	출애굽기	잔느 귀용	10,000
31	하나님과 동행하는 사람들〈개정판〉	샨 볼츠	9,000
32	하나님과 사람에게 더욱 사랑스러운 자	듀안 벤더 클럭	10,000
33	하나님과의 연합	잔느 귀용	8,000
34	하나님을 연인으로 사랑하는 즐거움	마이크 비클	13,000
35	하나님 마음에 합한 사람	마이크 비클	13,000
36	하나님의 아름다움을 바라보는 축복	허 철	10,000
37	하나님의 요새〈개정판〉	프랜시스 프랜지팬	9,000

번호	도서명	저자	가격
38	하나님의 장군의 일기〈개정판〉	잔 G. 레이크	6,000
39	항상 배가하는 믿음〈개정판〉	스미스 위글스워스	13,000
40	항상 부족함이 없으리로다	롤랜드 & 하이디 베이커	10,000
41	혼돈으로부터의 자유	릭 조이너	5,000
42	혼의 묶임을 파쇄하라	빌 & 수 뱅크스	10,000
43	존 비비어의 회개〈개정판〉	존 비비어	11,000
44	금식이 주는 축복	마이크 비클 & 다나 캔들러	12,000
45	부활	벤 R. 피터스	8,000
46	거절의 상처를 치유하시는 하나님	데릭 프린스	7,000
47	존 비비어의 분별력〈개정판〉	존 비비어	13,000
48	통제 불능의 상황에서도 난 즐겁기만 하다	리사 비비어	12,000
49	어린이와 십대를 위한 축사사역	빌 뱅크스	11,000
50	빛은 어둠 속에 있다	패트리샤 킹	10,000
51	목적으로 나아가는 길	드보라 조이너 존슨	8,000
52	컴 투 파파	게리 윈스	13,000
53	러쉬 아워	슈프레자 싯홀	9,000
54	지도자의 넘어짐과 회복	웨이드 굿데일	12,000
55	하나님의 일곱 영	키이스 밀러	13,000
56	너희 지체를 의의 병기로 하나님께 드리라	허 철	8,000
57	세계를 변화시키는 능력	릭 조이너	12,000
58	왕의 자녀의 초자연적인 삶	빌 존슨 & 크리스 밸러튼	13,000
59	믿음으로 산 증인들	허 철	12,000
60	욥기	잔느 귀용	13,000
61	나라를 변화시킨 비전: 윌리엄 테넌트의 영적인 유산	존 한센	8,000
62	세상을 다스리는 권세의 회복	레베카 그린우드	10,000
63	창세기 주석	잔느 귀용	12,000
64	하나님의 강	더치 쉬츠	13,000
65	당신의 운명을 장악하라	알렌 키란	13,000
66	자살	로렌 타운젠드	10,000
67	그리스도인의 영적혁명	패트리샤 킹	11,000
68	초자연적 중보기도	레이첼 힉슨	13,000
69	하나님의 초자연적인 능력	바비 코너	11,000
70	사랑하는 하나님	마이크 비클	15,000
71	일곱 교회 이기는 자에게 주시는 축복	허 철	9,000
72	초자연적 경험의 신비	짐 골 & 줄리아 로렌	13,000
73	폭풍의 전사	마헤쉬 & 보니 차브다	13,000
74	천국 보좌로부터 온 전략	샌디 프리드	11,000

순전한나드 도서목록

번호	도서명	저자	가격
75	영향력	윌리엄 L. 포드 3세	11,000
76	속죄	데릭 프린스	13,000
77	신의 성품에 참예하는 자	허 철	8,000
78	예언, 꿈, 그리고 전도	덕 애디슨	13,000
79	불타오르는 사랑	스티브 해리슨	12,000
80	능력, 성결, 그리고 전도	랜디 클락	13,000
81	종교의 영	토미 펨라이트	11,000
82	예치치 못한 사랑	스티브 J. 힐	10,000
83	모르드개의 통곡	로버트 스턴스	13,500
84	1세기 교회사	릭 조이너	12,000
85	예수님의 얼굴〈개정판〉	데이비드 E. 테일러	13,000
86	토기장이 하나님	마크 핸비	8,000
87	존중의 문화〈개정판〉	대니 실크	13,000
88	제발 좀 성장하라!	데이비드 레이븐힐	11,000
89	정치의 영	파이살 말릭	12,000
90	이기는 자의 기름부으심	바바라 J. 요더	12,000
91	치유 사역 훈련 지침서	랜디 클락	12,000
92	헤븐	데이비드 E. 테일러	13,000
93	더 크라이	키스 허드슨	11,000
94	천국 여행	리타 베넷	14,000
95	파수 기도의 숨은 능력	마헤쉬 & 보니 차브다	13,000
96	지저스 컬처	배닝 립스처	12,000
97	넘치는 기름부음	허 철	10,000
98	거룩한 대면	그래함 쿡	23,000
99	믿음을 넘어선 기적	데이브 헤스	10,000
100	영적 전쟁의 일곱 영	제임스 A. 더함	13,000
101	영적 전쟁의 승리	제임스 A. 더함	13,000
102	기적의 방을 만들라	마헤쉬 & 보니 차브다	12,000
103	개인적 예언자	미키 로빈슨	13,000
104	어둠의 영을 축사하라	짐 골	13,000
105	보좌를 향하여	폴 빌하이머	10,000
106	적그리스도의 영을 정복하라	샌디 프리드	13,000
107	성령님 알기	마헤쉬 & 보니 차브다	12,000
108	십자가의 권능	마헤쉬 & 보니 차브다	13,000
109	성령이 이끄시는 성공	대니 존슨	13,000
110	축복의 능력	케리 커크우드	15,000
111	하나님의 호흡	래리 랜돌프	11,000

번호	도서명	저자	가격
112	아름다운 상처	룩 홀터	11,000
113	하나님의 길	덕 애디슨	13,000
114	천국 체험	주디 프랭클린 & 베니 존슨	12,000
115	당신의 사명을 깨우라	M. K. 코미	11,000
116	기독교의 유혹	질 섀넌	25,000
117	우리가 몰랐던 천국의 자녀양육법	대니 실크	12,000
118	임재의 능력	매트 소거	12,000
119	예수의 책	마이클 코울리아노스	13,000
120	신앙의 기초 세우기	래리 크레이더	13,000
121	내 인생을 바꿔 줄 최고의 여행	제이 스튜어트	12,000
122	시간 & 영원	조슈아 밀즈	10,000
123	거룩한 흐름 분위기	조슈아 밀즈	10,000
124	하이디 베이커의 사랑	하이디 & 롤랜드 베이커	13,000
125	하나님의 임재	빌 존슨	13,000
126	초자연적 기름부음	줄리아 로렌	12,000
127	하나님의 갈망	제임스 A. 더함	14,000
128	형통의 문을 여는 31가지 선포기도	케빈 & 캐티 바스코니	6,000
129	임박한 하나님의 때	R. 로렌 샌드포드	13,000
130	하나님을 향한 울부짖음	바바라 J. 요더	12,000
131	춤추는 하나님의 손	제임스 말로니	37,000
132	참소자를 잠잠케 하라	샌디 프리드	13,000
133	영광이란 무엇인가?	폴 맨워링	14,000
134	내일의 기름부음	R. T. 켄달	13,000
135	영적 전투를 위한 전신갑주	크리스 밸러턴	12,000
136	성령을 소멸치 않는 삶	R. T. 켄달	13,000
137	초자연적인 삶	아담 F. 톰슨	10,000
138	한계를 돌파하라	샌디 프리드	13,000
139	블러드문	마크 빌츠	11,000
140	구약에서 일어난 모든 일들	윌리엄 H. 마티	13,000
141	신약에서 일어난 모든 일들	윌리엄 H. 마티	11,000
142	드보라 군대	제인 해몬	14,000
143	거룩한 불	R. T. 켄달	13,000
144	당신의 자녀를 향한 하나님의 65가지 약속	마이크 슈리브	8,000
145	무슬림 소녀, 예수님을 만나다	사마 하비브 & 보디 타이니	13,000
146	스미스 위글스워스의 병 고침(개정판)	스미스 위글스워스	12,000
147	뇌의 스위치를 켜라	캐롤라인 리프	15,000
148	약속된 시간	제임스 A. 더함	13,000

순전한나드 도서목록

번호	도서명	저자	가격
149	실패를 딛고 일어서는 믿음	샌디 프리드	12,000
150	스미스 위글스워스의 성령의 은사〈개정판〉	스미스 위글스워스	13,000
151	끝날 때까지 끝난 것이 아니다	R. T. 켄달	15,000
152	완전한 기억	마이클 A. 댄포스	10,000
153	금촛대 중보자들 1	제임스 말로니	15,000
154	마지막 때와 이슬람	조엘 리차드슨	15,000
155	질투	R. T. 켄달	14,000
156	사탄의 전략	페리 스톤	14,000
157	죽음에서 생명으로	라인하르트 본케	12,000
158	금촛대 중보자들 2	제임스 말로니	13,000
159	금촛대 중보자들 3	제임스 말로니	13,000
160	올바른 생각의 힘	케리 커크우드	12,000
161	부흥의 거장들	빌 존슨 & 제니퍼 미스코브	25,000
162	악의 삼겹줄을 파쇄하라〈개정판〉	샌디 프리드	12,000
163	지옥의 실체와 하나님의 열쇠	메리 캐서린 백스터	12,000
164	문지기들이여 일어나라	제임스 A. 더햄	15,000
165	안식년의 비밀	조나단 칸	15,000
166	교회를 깨우는 한밤의 외침	R. T. 켄달	15,000
167	하나님의 시간표	마크 빌츠	12,000
168	사랑의 통역사	샨 볼츠	12,000
169	예루살렘의 평화를 위해 기도하라	탐 헤스	13,000
170	마이크 비클의 기도	마이크 비클	25,000
171	유대적 관점으로 본 룻기	다이앤 A. 맥닐	15,000
172	폭풍을 향해 노래하라	디모데 D. 존스	13,000
173	세미한 하나님의 음성을 듣는 방법	스티브 샘슨	12,000
174	영광의 세대	브루스 D. 알렌	15,000
175	영적 분위기를 바꾸라	다우나 드 실바	12,000
176	하나님을 홀로 두지 말라	행크 쿠네만	14,000
177	하나님이 디자인하신 완전한 나	캐롤라인 리프	20,000
178	대적의 문을 취하라〈개정증보판〉	신디 제이콥스	15,000
179	R. T. 켄달의 임재	R. T. 켄달	13,000
180	영성가의 기도	찰리 샴프	10,000
181	과거로부터의 자유〈개정판〉	존 로렌 & 폴라 샌드포드	14,000
182	하나님의 불	제임스 A. 더햄	15,000
183	일상에 임한 하나님의 영광	브루스 D. 알렌	14,000
184	일곱 산에 관한 예언〈개정판〉	조니 엔로우	15,000
185	마지막 시대 마지막 주자	타드 스미스	13,000

번호	도서명	저자	가격
186	주의 선하신 치유 능력	크리스 고어	13,000
187	건강한 생활 핸드북	로라 해리스 스미스	15,000
188	더 높은 부르심	제임스 말로니	12,000
189	레위기, 민수기, 신명기〈개정판〉	잔느 귀용	14,000
190	당신도 예언할 수 있다〈개정판〉	스티브 탐슨	14,000
191	생각하고 배우고 성공하라	캐롤라인 리프	15,000
192	기적을 풀어내는 예언적 파노라마	제임스 말로니	13,000
193	케빈 제다이의 초자연적 재정	케빈 제다이	14,000
194	적그리스도와 마지막 때 분별하기	마크 빌츠	13,000
195	마음을 견고히 하라	빌 존슨	9,000
196	천국으로부터 받아 누리기	케빈 제다이	13,000
197	모든 것이 당신에게 유리하게 되어 있다	케빈 제다이	15,000
198	징조 II	조나단 칸	18,000
199	데릭 프린스의 교만과 겸손	데릭 프린스	10,000
200	유다의 사자	랍비 커트 A. 슈나이더	15,000
201	원뉴맨 성경(신약편)	윌리엄 J. 모포드 역	50,000
202	하나님의 임재 안으로 들어가기	데릭 프린스	11,000
203	원띵	샘 스톰스	15,000
204	천사들과 동역하는 삶	케빈 제다이	15,000
205	뇌의 스위치를 켜라 365	캐롤라인 리프	22,000
206	말씀으로 꿈을 해석하는 법	아담 F. 톰슨 & 아드리안 비일	37,000
207	능력의 문	조슈아 밀즈	17,000
208	데릭 프린스의 믿음의 능력	데릭 프린스	13,000

THE POWER OF FAITH
ENTERING INTO THE FULLNESS OF GOD'S POSSIBILITIES
- REVISED AND EXPANDED EDITION (FORMERLY TITLED FAITH TO LIVE BY)

by Derek Prince

Copyright ⓒ 1977, 2018 by Derek Prince Ministries-International
PO Box 2029, Christchurch 8140, New Zealand
admin@dpm.co.nz

This edition is published by Derek Prince Ministries-UK 2018.

Korean Translation Copyright ⓒ 2023 by Pure Nard
2F 16, Eonju-ro 69-gil Gangnam-gu, Seoul, Korea

The Korean edition is published by arrangement with Derek Prince Ministries.
All rights reserved.

본 저작물의 한국어판 저작권은 Derek Prince Ministries와의 독점 계약으로 '순전한 나드'가 소유합니다. 저작권자의 허락 없이 이 책의 일부 또는 전체를 무단 복제, 전재, 발췌하면 저작권법에 의해 처벌을 받습니다.

데릭 프린스의 믿음의 능력

초판 발행 | 2024년 1월 2일

지 은 이 | 데릭 프린스
옮 긴 이 | 황의정

펴 낸 이 | 허철
책임편집 | 김선경
디 자 인 | 이보다나
제   작 | 김도훈
총   괄 | 허현숙
인 쇄 소 | 예원프린팅

펴 낸 곳 | 도서출판 순전한 나드
등록번호 | 제2010-000128
주   소 | 서울특별시 강남구 언주로69길 16, (역삼동) 2층
도서문의 | 02) 574-6702
팩   스 | 02) 574-9704
홈페이지 | www.purenard.co.kr

ISBN 978-89-6237-388-2 03230